ミリオンゲット馬券術

16のレースタイプが「予想の見える化」を実現

竹内裕也／著
競馬道OnLine編集部／著・編

目次

作者からのメッセージ……4

第1章『ミリオンダラー馬券術の誕生まで』……7
競馬ブックで手を黒くしていた初心者時代
負ける理由を知るという重要な回り道
癖の強い競馬ブックレイティングを手懐けたきっかけ
競走馬が勝つために必要な数値を手に入れた
勝つために必要なレイティングの数値を知ろう
レースのレベルを主観ではなく数値で代替することに成功
競馬予想の見える化に欠かせない馬券術

第2章『ミリオンダラー馬券術の基礎知識』……23
ミリオンダラー馬券術の心臓部　Rレベルとは
ミリオンダラー馬券術の基本的な考え方

第3章『自信の本命を打つための活用方法』……31
前走Rレベルが高いレースはお宝の宝庫
G1レースを振り返る
R+馬は休み明け4～5戦目が絶好機
騎手の特徴を丸裸にしてしまおう
普通の血統理論では見えない種牡馬の特徴

※本文中のデータの集計期間は2016～2018年となっています。

第 4 章『ミリオンダラー AAAA 〜クアッドエー〜』……111
  競馬ファンはレースの波乱度判定に四苦八苦する
  レースを 16 種類に分類する方法
  クアッドエー判定の狙い目を知り攻略する

AAAA	AAAB	AABA	AABB
ABAA	ABAB	ABBA	ABBB
BBBB	BBBA	BBAB	BBAA
BABB	BABA	BAAB	BAAA	該当なし

第 5 章『更に勝利を求めるために』……189
  収支を劇的変化させる予想と馬券の間に入れるべきフィルター
  的中レースを振り返る

第 6 章『ミリオンダラー馬券術作者×中央競馬馬主対談』……203
  作者と京都の馬主さんでスペクター、キャメロンなどを保有している
  友人の川勝さんとの競馬トーク

終わりに……212
著者紹介……214

ミリオンダラー馬券術 AAAA (クアッドエー) を Web で楽しむ方法とは？……217

Column
Part1 第 1 章に入る前に……6
Part2 Club JRA − Net を活用しよう……30
Part3 レース映像を見ていますか？……202

作者からのメッセージ

　アーモンドアイという怪物牝馬が誕生し、3歳牝馬にしてジャパンカップをレコード勝ちすることで競馬ファンの常識を打ち砕き、チャンピオンズカップでは3歳牡馬ルヴァンスレーヴが歴戦の古馬を一蹴し勝利。
　障害レースで連勝街道を歩んでいたオジュウチョウサンが平地のG1であり年末の国民的イベントでもある有馬記念に挑戦し、そしてその有馬記念では3歳牡馬のブラストワンピースがスターホース達を力でねじ伏せた。
　また、騎手の世界ではルメール騎手が年間200勝を達成する偉業を成し遂げ、G1は外人騎手ばかりが勝利するような光景が続いた。
　競馬ファン以外からも注目される女性騎手の藤田菜七子騎手が年間で27勝という素晴らしい結果を出したが、これは柴山雄一騎手や田中勝春騎手、四位洋文騎手や柴田善臣騎手らよりも上位であるということが現実。

　そんな常識が変わり、時代が変わっていくことを感じている2018年の年末に本書を書き始めました。
　ミリオンダラー馬券術は2007年頃に著者のブログやメールマガジンで掲載を開始することになり、その後はファンの方のアイデアなども取り入れて進化を続けて2011年には雑誌「競馬最強の法則」に掲載されて、2011年5月に単行本として発売されてAmazon競馬ランキング1位を獲得するなど多くの方に手にとっていただくことになりました。
　その後、競馬最強の法則で1年半ほどの連載を経て2014年に続編となるミリオンダラー種牡馬の単行本が発売されましたが、本書はそれから約5年ぶりとなる三作目の単行本となります。
　5年ぶりとは言えミリオンダラー馬券術は変わりゆく時代に取り残されることもなく、嬉しいことにファンだと言ってくれる人は増え続けています。
　その理由はミリオンダラー馬券術が「予想を楽しくする」という要素を含んでいる上で馬券術と呼べる奥の深さを持っているからだと思います。
　私は「競馬とは楽しいものである」と思っていますし「予想とは楽しいものである」と思っているからこそ馬券の世界で活動をしているのですが、今この本をお読みになっている貴方は競馬を楽しめていますか？予想を楽しめていますでしょうか？

「楽しいよ！」と言っていただけると嬉しいのですが、実際には楽しめていないのに毎週競馬を見て馬券を買い、そして暗い日曜日の夜を過ごしている競馬ファンは星の数、いや空に舞うハズレ馬券の数ほどいることでしょう。

ですが、最初は誰しも競馬も予想も楽しくして仕方がなかったはずです。

私が本書でお伝えすることは、もちろんミリオンダラー馬券術という馬券予想のヒントとなる理論ですが、それと同時に競馬を楽しめていない人が競馬を楽しめる人に戻れるように、もちろん競馬が好きで楽しめている人は今よりももっと競馬が楽しめるようにという思いを込めております。

これから先、本書では堅苦しいことも難しく見えることも出てきますし、多くの人が嫌いな「確率」や「数値」などが出てきます。

しかしミリオンダラー馬券術というのは馬券を簡単にすること、予想を見える化していくことをテーマとして世に出されたものです。

ぜひ、あまり肩に力を入れずに頭を柔らかくして読んでいただければ幸いです。

また、ミリオンダラー馬券術の過去の単行本は入手困難になっているようですので、今回は基本的な部分からの掲載をしつつ、今の中央競馬は騎手時代と言えるほどに騎手の影響力が大きくなっていることから、ミリオンダラー馬券術と騎手の組み合わせでの活用方法や表題になっている「クアッドエー」について解説をさせていただきます。

2019年4月　作者

Column Part 1

第1章に入る前に

　競馬本や競馬雑誌などで新しい知識を手に入れると、それをすぐに実践したくなるのは誰しも同じことだと思いますが、もしあなたが本書を読み終わった時が競馬開催の前夜などであれば、もう1週待って実践に移してみてください。

　年末や特別なことがない限り「競馬は毎週やってくる」ものです。万全の競馬予想ができた週末でも、当日の朝まで予想を1つもしていないときでも問答無用で中央競馬は開催されます。

　競馬ファンの弱点の1つは「馬券を買いたい」ということが先に来てしまうことです。ですので理解していなくてもとりあえず馬券を買う理由として「新しい馬券本を読んだ！」というだけの状態で突っ込んで行ってしまい、そして負けてしまうともう本書とはサヨウナラということになるはずです。この手の行動をすることがギャンブルで負ける人の特徴だと思います。

　私の運営するコンテンツなどで統計を取っても、利用を辞める人の多くに共通していることが「金曜日・土曜日の夜から利用を開始する人」です。ここに圧倒的な偏りが生まれている理由は上記したことと全く同じことなのでしょう。石の上にも三年は長すぎますが、競馬・馬券というものに対して、本気で取り組むのであれば一夜漬けで結果を求めることは避けるべきです。

　競馬ファンの一部は「根気や努力ができるなら馬券なんて買ってないよ！」と言いますが、だからこそ「勝っている人は根気や努力がある」のですからね。

第 1 章

ミリオンダラー馬券術の誕生まで

競馬ブックで手を黒くしていた初心者時代

　今の日本を4文字で表現するなら炎上時代。燃えるものは激しく燃えますし、燃えないものでも燃やしてしまうような戦国時代よりも争いの多い時代です。ですので、はじめて馬券を購入したのは20歳の時……としておきましょう。

　当時の私は、名古屋の人なら誰でも知っているであろう最も大きく有名な繁華街のスナックで働いていました。もちろんホステスさんとしてではなく、簡単に言えばボーイさんのような感じだったのですが、カウンターの中でお客様と接客をすることもお仕事の1つでした。そんなスナックでは金曜日になると競馬新聞を片手に来店するお客様を見かけることも珍しくありません。

　競馬ファンというのは競馬を知らない人にうんちくを語りたくなる生き物ですが、お酒も入るとそれは更に勢いを増します。それゆえに私は金曜日になるとその週の重賞レースについてお客様に熱く語られますので自然と競馬の知識や興味が増していきました。

　そんな日々を過ごしていれば当然自分でも予想をして馬券が買いたくなりますが、その時に感じていた競馬ファンのイメージと言えば「怖そう」「いつも怒鳴っている」「ゴミを散らかす」などでしたので、場外馬券売り場に行く決心がつかなかったのですが、流石に予想をするだけでは物足りなくなり意を決し名古屋の尾頭橋にあるWINSに行き、想像通りの競馬ファンを横目にしながらG1レースの馬券をボックスで10点買い、各1000円購入したのです。

　そして定番のビギナーズラックの登場です。払い戻しは20万円近くでした。当時の給料が手取りで15万円ぐらいでしたから、前日から予想を楽しんでワクワクして的中という喜びも手にした上で給料以上のお金が財布に飛び込んで来たのですから、競馬にのめり込むことも翌週にまたWINSに居たことも当然です。

　その当時、私に競馬を教えてくれていた人が競馬ブックの愛用者でしたし、私の初予想も初的中も競馬ブックで予想をしたものですので、私の競馬予想人生は最初からずっと競馬ブックでした。（現在は競馬道OnLineを利用してデータとして入手しています）

とはいえ、当時の私ならどの競馬新聞を利用していても大差なかったことでしょう。どの競馬新聞にも基本的な情報は掲載されていますし、違いがあるのは記者の印と各新聞独自の指数などでしょう。初心者だったころですから当然参考にするのは9割が記者の予想印でしたし、残りは前走の着順と騎手、あとは関係者の談話ぐらいのものです。

　今、その当時の頃を振り返るとハッキリと気がつくことがあります。競馬予想におけるビギナーズラックであったり、初心者の時に意外とよく馬券が当たって「自分はセンスがある」「博才がある」と勘違いする仕組みについてです。これは単純に競馬新聞の予想印をベースにして比重を置いて予想をしているわけであり、基本的に競馬新聞の予想印というのは期待値が高いものを選んでいるのではなく的中することを重視しているのですから、それに乗っかる形で予想をしていたら的中率が高くて当然なのです。たまに万馬券が当たるのは初心者はボックス買いすることが多いので、◎○▲△×をボックス買いした時に△と×で決まったような時がそれに該当するのでしょう。

　最近はわかりませんが、私が読んでいたころの競馬ブックは突如として本紙◎が人気薄に打たれていることなどもあり、それがそこそこ当たっていたと記憶していますので、それこそビギナーズラックが生まれやすかったのだと思います。

　そんな競馬新聞の予想印を参考にするという初心者スタイルは的中した時も外してしまった時も自分自身に予想の根拠があるわけではないので何の参考にも勉強にもなりません。

　そして、馬券はわりと当たるのに財布が寂しくなっていくことで「競馬を勉強しないとダメだ！」と気がついた競馬ファンだけが競馬やギャンブルについて勉強をする姿勢になり、初心者から初級者になっていくという流れが多くの競馬ファンのテンプレートになっているのではないでしょうか。

　私はまさにこのパターンでした。連日連夜、徹夜で競馬ブックを読んで赤ペンで気になることや気がついたことを書き込みましたし、過去の競馬ブックを全て引っ張り出してきてレース結果と照らし合わせるようなこともしていました。競馬ブックのインクが手に染みついて黒くなった手を洗い、また翌日は手が黒くなりという日々を過ごしていました。

　当時はまだ競馬ソフト TARGET を利用していませんでしたし、データベースを作るという技術もありませんでした。ただパソコンは持っていたので

EXCELの存在に気が付いてからは競馬ブックの情報とレース結果をコツコツ入力していき、今なら1分でできることに1時間かかるぐらいの作業を繰り返していました。
　競馬ブックから得ることができる情報として、種牡馬の名前や騎手や調教師の名前はもちろん入力していきましたし、前走の着順やタイム、上がり3Fやコーナーの位置取り、調教師の談話に出てくるポジティブな言葉やネガティブな言葉なども入力しながら効率的に予想ができる情報を少しずつですが見つけ出せるようになり、徐々に予想力が上がり馬券の結果が向上していきました。
　例えば、種牡馬を調べることでコースとの相性というものが見えてきますので、一般的な血統本に書かれているようなことは誰にでも手に入れることができます。騎手や調教師を調べていけばどの組み合わせの成績が良いのか、逆に悪いのかということも一目瞭然で判断をすることができるようになります。前走の着順やタイム、上がり3Fというのを冷静に調べていれば「好走していて目立つ馬」は当然人気になるので、勝率は高いが回収率が低くなるというようなことまで地道に集計と勉強を続けることで身につきました。
　競馬新聞から徐々にデジタルへという流れは「馬券で勝ちたい」という思いがあれば誰しも通る道であると思いますが、その中で「これぞ！」という武器と出会う瞬間というのも訪れるものです。それは競馬ブックにあるスピード指数でした。
　スピード指数というのは競馬ファンなら一度は目にするものですので、スピード指数自体の詳しい説明は割愛しますが、競馬ブックの説明を引用すると「競走馬のレース走破タイムより独自に求めた基準タイムを引いて馬場指数（状態）などで補正し能力比較をできるようにした数値」ということになります。スピード指数が良い馬は人気になりやすい傾向がありましたが、指数が1位であっても人気がない馬なども珍しくなく、当時調べていた時代は期待値の高い穴馬を狙うことにかなり適していました。
　ミリオンダラー馬券術の基礎となる競馬ブックレイティングという指数に出会う前に最初に出会った指数が競馬ブックスピード指数であり、指数という言葉だけ聞くと「使い方が難しそう」という敬遠しがちなものに馬券歴が浅い時点で触れていたということが癖の強いレイティングを扱えるようになった理由なのではないかと自己分析をしています。

そんなレイティングと出会いミリオンダラー馬券術が完成するのはもう少し先の話になるのですが、その重要な出会いの前に気がついたことが後の今現在にも生きていますので、そちらの話を少々させていただこうと思います。

負ける理由を知るという重要な回り道

スピード指数を中心として様々なファクターを調べる中で、数字という正確な結果を元にしていくつかの価値の判断ができるようになっていきました。例えば「最終の勝浦は本当なのか？」いうことや「叩き2戦目は狙い目なのか？」というような競馬ファン歴の先輩が競馬初心者に教えてくれるようなこともそうですし「これは誰も知らないのではないか」とワクワクするようなことまで様々な情報が頭の中とパソコンの中に蓄積されていきました。

現在のように誰にでもネット環境が手に入り、データベースソフトもある時代でも同じことだと思うのですが、競馬ファンが競馬について研究を開始すると勝率が高いものや回収率が高い物だけを調べていくものです。私も最初はそうでしたが、馬券の収支が伸び悩んでいた時に「勝つことと同じぐらい負けないことという目線が重要なのでは？」という考え方をしてみようと思ったのです。その当時に得た知識もそれ以降、現在に至るまでに多くの経験を詰み、また数千人という規模感の競馬ファンの人たちとメールなどをしていく中で知った負ける方法は覚えておいて損はありません。

競馬新聞の予想印は当てる物であり勝つためのものではない

馬券を買うようになって半年ぐらいで気がついたことが、競馬新聞の予想印が持つ意味です。競馬新聞社なのですから一番避けたいのは「当たらない」ことでしょうし、競馬新聞側も自分たちの予想印に大半の競馬ファンが乗っかることを知っています。複数ある競馬新聞がどれも当たり前のように実績馬に印を打ち、前走2着の馬に「次は順番だ」とばかりに印を打つのですから、極端に言えば競馬新聞などなく馬柱だけしかなくても人気になるであろう馬に根拠をつけて印を入れるわけです。そうすれば人気が人気を呼ぶことで1番人気は多くの支持を集めていき常に過剰人気のような状態になってしまうわけです。

もちろん競馬新聞の立場としてはそれが正しいので、これが悪であると言っているのではありません。そもそも競馬ファンは「JRAからお金を取り戻す」や「JRA銀行から今日こそ出金する」などと言う競馬ファンは多いですが、馬券は購入者同士でのお金の奪い合いなのですから胴元のJRAと戦っているわけではありません。あくまでも対戦相手は自分以外の馬券購入者であり、自分が馬券を的中した時にその馬券を買っている人が少なければ少ないほど得をするというギャンブルです。

　これは私の意見ではなくパリミュチュエル方式のオッズゲームにおける「ルール」であると考えなくてはいけません。確かに1番人気はどの年度を見ても人気別で言えば最も勝利して最も馬券内に来ますので「当てる」ことに関しては優等生です。

　しかし年度別に1986年から2018年までという長い歴史の中で勝率は高くて36.0%しかなく単勝回収率が80%を超えたこともないのです。

　また、勝率は昔よりも低下している傾向ですらあるわけですが、話を戻せばこの1番人気を生み出しているのは競馬新聞の予想印なのです。それであれば競馬新聞の予想印やそもそも1番人気という存在を当たり前に常に買うという考え方は馬券で負ける大きな理由になると言えます。

馬券を外す覚悟を持っていないと継続できない

　競馬ファンは馬券を購入した瞬間から馬券が当たったことだけをイメージする傾向にあります。これがアスリートなら勝利のイメージをすることが重要になりますが、我々は馬券を買うだけでの存在であって、走るのは騎手と馬ですので、いくらこちら側がポジティブになっても意味はありません。

　人生はポジティブ思考であることで有意義になると言われますが、馬券に関してはネガティブであることも実は重要だと私は考えています。

　またそのポジティブなイメージを実現させるために全てのレースを当てたいと思ってしまい、余計な馬にまで手を出していくことで「よく当たるのに負けている」という状態が大多数の競馬ファンの姿でしょう。

　例えば、私がどこかで聞いたことがあるような7つ玉を集めると願いが叶うという力を使って、毎週借金を増やしながらも場外馬券売り場に足を運んで絶望のどん底にいる競馬ファンに「勝率が1%ある単勝110倍の馬を見抜

[第1章] ミリオンダラー馬券術の誕生まで

■ 単勝1番人気の年別成績

年・年月	着別度数	勝率	連対率	複勝率	単勝回収値	複勝回収値
2018年	1099- 665- 436-1254/3454	31.8%	51.1%	63.7%	74	81
2017年	1158- 638- 450-1209/3455	33.5%	52.0%	65.0%	79	84
2016年	1146- 641- 456-1211/3454	33.2%	51.7%	64.9%	78	84
2015年	1043- 679- 432-1300/3454	30.2%	49.9%	62.4%	75	82
2014年	1129- 619- 445-1258/3451	32.7%	50.7%	63.5%	79	84
2013年	1103- 651- 419-1281/3454	31.9%	50.8%	62.9%	77	83
2012年	1085- 688- 430-1251/3454	31.4%	51.3%	63.8%	75	84
2011年	1096- 662- 446-1249/3453	31.7%	50.9%	63.8%	76	83
2010年	1102- 670- 446-1236/3454	31.9%	51.3%	64.2%	76	84
2009年	1070- 688- 437-1259/3454	31.0%	50.9%	63.5%	74	82
2008年	1142- 622- 446-1242/3452	33.1%	51.1%	64.0%	78	83
2007年	1113- 697- 444-1199/3453	32.2%	52.4%	65.3%	74	83
2006年	1112- 677- 449-1215/3453	32.2%	51.8%	64.8%	76	83
2005年	1164- 627- 455-1200/3446	33.8%	52.0%	65.2%	77	83
2004年	1164- 683- 446-1159/3452	33.7%	53.5%	66.4%	74	82
2003年	1163- 686- 419-1184/3452	33.7%	53.6%	65.7%	75	82
2002年	1184- 646- 449-1173/3452	34.3%	53.0%	66.0%	76	82
2001年	1154- 694- 421-1179/3448	33.5%	53.6%	65.8%	75	82
2000年	1242- 643- 404-1162/3451	36.0%	54.6%	66.3%	79	82
1999年	1154- 697- 425-1139/3415	33.8%	54.2%	66.6%	76	84
1998年	1190- 643- 434-1183/3450	34.5%	53.1%	65.7%	75	81
1997年	1182- 700- 420-1138/3440	34.4%	54.7%	66.9%	75	83
1996年	1180- 637- 439-1179/3435	34.4%	52.9%	65.7%	76	82
1995年	1176- 658- 442-1155/3431	34.3%	53.5%	66.3%	75	83
1994年	1175- 675- 430-1149/3429	34.3%	54.0%	66.5%	75	83
1993年	1180- 669- 427-1149/3425	34.5%	54.0%	66.5%	76	82
1992年	1179- 633- 450-1137/3399	34.7%	53.3%	66.5%	76	83
1991年	1200- 681- 452-1056/3389	35.4%	55.5%	68.8%	76	84
1990年	1133- 734- 418-1068/3353	33.8%	55.7%	68.1%	75	84
1989年	1139- 706- 408-1082/3335	34.2%	55.3%	67.6%	75	84
1988年	1142- 640- 453-1079/3314	34.5%	53.8%	67.4%	74	83
1987年	1184- 643- 406-1064/3297	35.9%	55.4%	67.7%	77	83
1986年	1178- 688- 399-1019/3284	35.9%	56.8%	69.0%	78	85

くことができる能力」をプレゼントしたとしましょう。その人はその該当馬を買い続ければ確実にプラス収支になるはずですし、それこそ数年後には贅沢三昧ができているぐらいの人になれるはずです。

　しかし、私の予想ではこの人は半年も経たずしてこの能力を使うことがなくなりますが、それは先程書いた「数年後には」ということが理由しています。的中率1％と聞くと100レースで1レースだと考えますし、これは一応正しいことではあります。しかし、1％というのは確実に100レースに1回起こるということではありません。試行回数が多くなれば1％に収束する確率が高くなるということであって、例えば500レース連続で外すこともあれば、100レースの中で2回も3回も的中することがあるというのが1％という数値です。恐らく彼は最初の土曜日はワクワクして過ごし、日曜日にはイライラしてしまうことでしょう。そして数カ月後までに的中がなければリタイヤする可能性が高いです。

　これは極端な例ではありますが、それでも実際に的中率10％台で回収率120％程が見込めるような買い方を手にしてもそれを1年2年と継続できる人は100人の内の5人ぐらいしかいないと私は考えています。それぐらい競馬ファンは負ける準備ができていません。

　私は競馬ファンと同時にプロレスファンでもあるのですが「出る前に負けることを考えるバカいるかよ！」とアナウンサーをビンタしたアントニオ猪木さんの名言は心に刺さりました。しかし、競馬やギャンブルに関しては「負けることを考えないバカいるかよ！」と考えなくてはいけませんし、馬券で年間収入がプラスになっている人の多くがこの思考を持っているはずです。

守らなくていいルールを守り、守るべきルールを守れない

　先述したように競馬ファンの多くは負ける準備ができていないことが影響して1つのことを継続できません。また、もう1つの理由として競馬は当てずっぽうでも100円が100万円になることもあるギャンブルという性質を持っており、それに魅力を感じている競馬ファンも多いために1つのルールをコツコツと継続していくルールを守ることについては苦手な人が多いです。私は自身のメルマガなどで「継続力がないことは馬券において大きな問題」ということを伝えていますが、その解決については他人ではできません。本人が

まず自分自身を応援して改善していくしかないのです。

　ですがその応援材料となることがあります。それは競馬ファンが「毎週馬券を買う」というような継続力は持っているということです。自分の予想に自信がなくても、何ならまともに予想すらしていないのにレース5分前に広げた競馬新聞を見て締切1分前には馬券を買うのですから、これは継続力の一種であると言えなくもありません。

　また、もう1つ競馬ファンが守ることが多いルールは「1点〇円、5頭ボックス」というような金額と頭数の一定化をするというルールです。自分の自信があるレースでも決めた金額と同じ頭数、自信がないレースでも同じ金額で同じ頭数というような買い方は継続をできてしまうわけです。普通に考えれば自信があるレースでは大きく勝負するべきですし、例えば本書を読み進めていき期待値の高い馬には1000円、遊びのレースには100円というような差をつけることは当然ですが重要なことです。

　とは言え、競馬に対しての何かしらの継続力を持っているのですから、その能力を守るべきルールの方にも適応すればいいだけなのです。負ける理由を考えながら、負ける覚悟も持つことでルールが守れるようになりますし、この考えを根底に持たずに勝てるほどギャンブルは甘くありません。しかし逆に言えばこれを持っているだけでも勝てるチャンスが大きくなるのも競馬でありギャンブルなのです。

癖の強い競馬ブックレイティングを手懐けたきっかけ

　競馬ブックをパートナーにして馬券研究と馬券予想を日々行っている中で、スピード指数という強い武器を手に入れたことはお話しましたが、指数というものに興味を持った私は一度競馬ブックのレイティングに興味を持ちました。しかし、最初の感想は「何だかよくわからない」という印象でした。指数がダントツに高い人気薄もいましたし、その逆もまたしかりでその時には一貫性がない数字に見えてしまったのです。

　その後に他の新聞に少々浮気をして、その新聞独自の指数を調べてみたりしましたし、巷にある有料指数なども購入して片っ端から指数というものを調べていく中で「人気と指数がある程度の比例をしている」ということに気が付きました。その頃はまだそれを気持ち良く感じてしまった私は暫くの間、

それらを参考にしていましたしもちろん研究もしました。しかし暫くして気がついたのです。「人気と比例していたら指数の意味がないじゃないか!」と。

指数に従っていればただ人気馬を買うだけになってしまいますし、それならそもそも人気を見れば良いだけです。名前は出せませんが、例えば日本で恐らく一番有名でファンの多い指数は2018年の集計で指数1位が1番人気になっていたことが75%ほどもありました。

これではただの予想人気指数になってしまいますが、それでも圧倒的な支持を受けているということはそれだけ競馬ファンは「当たること」が「勝つこと」よりも大切であるということなのでしょう。世の中にある物の価値とは人それぞれの価値観で差が生まれますが、馬券というのはもっと明確に価値がわかるものです。価値とは人気でありオッズですし、例えば同じ実力で同じ評価の馬であれば1番人気より5番人気がお買い得ということになります。これが馬券で勝利する本質でありルールであると考えている私にとって、人気と指数順位が比例してしまっては何の意味もないと判断せざるをえませんでした。

「自分の理想通りの指数は世の中にないのだろうか?」と思っていた中で「そういえばレイティングは他の指数と違う印象だった」と考えて再度レイティングの研究をするようになったのです。

まず、他の指数と並べて「何が違うのか?」ということを考えました。これは比較するととてもわかりやすい特徴だったのですが、他の多くの指数がそのレースの中での順位であり指数値であることに対して、レイティングはそのレースの他の馬との比較というよりは、1頭1頭の評価なのであろうということです。これを学校のクラスで表現するのであれば、A君が1番絵の上手い子、B君は2番目に絵の上手い子……というのが一般的な指数で、A君が別のクラスに行くとA君は一番絵が下手な子になってしまう可能性もあります。

しかし、レイティングの場合だとA君はこれぐらい絵が上手い子、B君はこれぐらい絵の上手い子というような評価をしているということになります。この癖を理解してからはレイティングの魅力に取り憑かれました。前走同じレイティングの数値で、同じ競馬場で同じクラスで同じ2着なのに今走の数値が違っているというような特徴や、前走好走したのにレイティングが下がっている馬もいれば前走明らかに凡走したのにレイティングが上昇して

いる馬がいることにも気が付きました。それはすなわち単純な前走の着順や着差だけでは見えてこない部分がレイティングの癖を解読していくと徐々に見えるようになっていったのです。

しかし、残念なことにただ指数上位を買えば良いというものではありませんでした。指数の性質が「公」と「個」であるという違いはあるとしても馬の能力を評価していることに違いはありませんから、レイティングとて1位の馬は人気になることが多くなりますし、ただ上位を買うだけで儲かるのであればとっくに誰かがそうしています。レイティングという癖の強い馬に跨ることも手懐けることもできましたが、レイティングという馬に乗り勝利するというところには届きませんでした。

ですが「必ずこの癖を利用すれば勝てる」という思いがありましたので、さらなるレイティング研究を続けていった先にミリオンダラー馬券術の始まりとも言える発見があったのです。

競走馬が勝つために必要な数値を手に入れた

レイティングを見ていて気がつくことは、先ほど書いたように前走の着順が同じでも指数値の増減が違うことなどの評価というか変化というか何にしても個性が強いところがあるという点でした。そのことから、指数の変化や評価の基準を探ることばかりに注力していたのですが、それがまさに灯台下暗しという言葉通りの状態だったのです。

毎日散々レイティングを見続けていたのに気が付かなかったことがあります。それは「クラス条件別で大体の上限と下限が決まっているような?」ということでした。これは2歳未勝利のダートというような限定をしてレイティングの数値を見た時に気がついたことですが、相手が悪すぎて2着続きなだけでどう考えても500万でも通用するような馬でも、ある数値以上になることはほぼない。

もう少し詳しく説明すると、500万でも掲示板ぐらい楽勝で乗れそうな馬でも500万クラスのダートの馬のレイティングの数値のようにはならないということです。わかりやすい最近の馬でいうとアーモンドアイを例にするといいでしょう。

アーモンドアイの桜花賞のレイティングは58.3という数値ですが、何と

出走馬の中で14位という低さなのです。前走シンザン記念を楽勝したのにもかかわらず14位ですし、1位のラッキーライラックが64.4なのですから差がかなり大きいです。ここで前走がG2レースだった馬のレイティング順位を見ると、1・2・3・5・6・7・8位と上位になっていることに対して、前走G3やオープン特別組だった馬はアーモンドアイを含めて10位以下が6頭もいます。これはクラス条件別にレイティングの上下がある程度決まっていることと、もちろん上のクラスほど数値が高いということから生まれる差であると言えます。

そしてアーモンドアイという怪物も1つ1つレースを勝ち進んで行き、着実にレイティングの天井を突き抜けて行っていることが表を見るとお分かりいただけると思います。

■ 2018年桜花賞出走馬のレイティング

馬名	レイティング値	順位
ラッキーライラック	64.4	1
リリーノーブル	61.4	2
マウレア	61.2	3
ハーレムライン	61.2	3
アンヴァル	61.1	5
リバティハイツ	60.1	6
アンコールプリュ	59.8	7
デルニエオール	59.7	8
レッドレグナント	59.7	8
トーセンブレス	59.4	10
レッドサクヤ	58.9	11
フィニフティ	58.9	11
アマルフィコースト	58.6	13
アーモンドアイ	58.3	14
プリモシーン	58.1	15
スカーレットカラー	57.3	16
ツヅミモン	57.0	17
コーディエライト	56.3	18

■ アーモンドアイのレイティング推移

レース名	レイティング値
JC	68.4
秋華賞	66.7
優駿牝馬	63.0
桜花賞	58.3
シンザン記念	55.8
未勝利・牝	54.4

勝つために必要なレイティングの数値を知ろう

　上限と下限があるということは、平均があるのではないかという考えが生まれました。それと同時にクラス別の基準値があるとするならば、どれぐらいの数値以上あれば勝ち馬の多くに該当するのか？馬券内に届く数値に該当するのか？という発想が生まれました。そこでレースをクラス条件別にわけて集計をしていくことで、勝ち馬の基準値となる目安と2・3着馬の基準値となる目安を設定することができました。そこで、わかりやすく勝ち馬基準値を超えている馬をR＋、2・3着基準値を超えている馬をR－と命名して馬券攻略を開始したことがミリオンダラー馬券術のスタートとなったのです。そして2008年ぐらいだったでしょうか、私が発行するメールマガジンにてR馬の無料配信をすることにしました。これは「読者様が楽しんでいただければ」という思いはもちろんありましたが、もう1つの理由としては自分以外の人に使ってもらうことで新しい発見があるのではないか？という考えもあったのです。

　すぐにこの「R馬」のファンが増えました。R＋馬の人気薄が穴をあければ盛り上がりましたし、馬券を構成する上で役に立つということは明らかでしたので、嫌われる要素はありません。公開から10年後となる昨年2018年もR＋馬が1頭以上いるレースで、R＋馬が勝利したのは全体の67.5％と高く、約3000レースの中で2000レースはR＋馬が勝利していることになりますから、馬券というパズルを組み立てる重要なピースになっていることも事実です。

　しかし、簡単に単純に回収率が100％を超えるようなものというよりは1つの馬券理論として存在しているという状態でした。

レースのレベルを主観ではなく数値で代替することに成功

　そんなメールマガジンの発行やブログの運営などをしている中で、読者様の悩みをミリオンダラー馬券術で解決できないか？と考えたことがあります。その中の1つにレースのレベルという物がありました。競馬ファンは「あのレースはタイムが良いからレベルが高かった」というようなことを予想の参考にすることがありますが、タイムというのはその日の馬場状態やラッ

■ クラス別R＋、R－馬一覧

条件	レイティング値 R+馬	レイティング値 R-馬
2歳未勝利ダート	51.8	51.0
2歳未勝利芝	52.6	51.9
3歳未勝利ダート	52.4	51.8
3歳未勝利芝	52.6	52.1
2歳500万ダート	54.5	54.4
2歳500万芝	55.1	55.0
3歳500万ダート	55.1	54.8
3歳500万芝	55.7	55.2
3歳以上500万ダート	55.6	55.1
3歳以上500万芝	55.9	55.5
4歳以上500万ダート	55.4	54.9
4歳以上500万芝	55.4	54.9
3歳以上1000万ダート	58.9	58.7
3歳以上1000万芝	59.3	58.8
4歳以上1000万ダート	58.9	58.5
4歳以上1000万芝	59.3	58.8
3歳以上1600万ダート	61.6	61.5
3歳以上1600万芝	62.1	61.6
4歳以上1600万ダート	61.8	61.7
4歳以上1600万芝	61.8	61.6
2歳オープン(芝・ダート)	55.5	55.2
3歳オープンダート	57.6	57.2
3歳オープン芝	57.9	57.0
3歳以上オープンダート	64.0	63.7
3歳以上オープン芝	63.8	63.1
4歳以上オープンダート	63.9	63.9
4歳以上オープン芝	64.3	63.3
2歳G3(芝・ダート)	56.4	56.4
3歳G3ダート	59.8	59.5
3歳G3芝	58.7	58.0
3歳以上G3ダート	65.5	64.9
3歳以上G3芝	64.5	64.5
4歳以上G3ダート	65.6	64.9
4歳以上G3芝	64.7	64.3
2歳G2(芝・ダート)	56.3	55.8
3歳G2(芝・ダート)	60.6	59.3
3歳以上G2ダート	66.3	65.2
3歳以上G2芝	66.1	65.4
4歳以上G2(芝・ダート)	66.7	65.6
2歳G1(芝・ダート)	58.5	58.5
3歳G1(芝・ダート)	62.6	61.7
3歳以上G1ダート	66.5	66.5
3歳以上G1芝	69.3	67.9
4歳以上G1ダート	68.1	65.4
4歳以上G1芝	66.8	66.4

プによっても左右されます。仮に「500万クラスの時計が平均より遅いのに1000万は平均より速かったからこの1000万のレースはレベルが高かった」という考えをしたとしても、そもそも500万のレースに出ている馬が弱かっただけでは？という可能性も生まれます。また、レースの内容を映像で見てレベルが高い・低いというような判断を下す人もいますが、完全に主観となってしまう上に同じことをやろうとしても日々のお仕事や生活が忙しい人が3場12レースの土日分を何度も見直す時間はなかなか取れないものです。

これは私自身も直面していた問題で、レースの評価という部分については苦手でしたので、何かレイティングでミリオンダラー馬券術でレースレベルに代わるものを見つけることができないか？と考えました。

1つの仮説として「<u>レースのレベルが高ければ、それを経由した馬のレイティングは増加するべき</u>ではないだろうか？」という案が生まれました。それを検証していく中で、確かにレイティングが増加した馬が多いレースとそうでないレースがあることを見つけ出しましたが、ではレイティングが増加する馬が多いレースとは？このような手順を経由したことで、レースレベルを代替して数値化する方法を見つけることになります。

詳しい説明は第二章の方でさせていただきますが、これが完成したことによって一気にミリオンダラー馬券術のファンが増加していきました。更には「利用者が独自のアイデアで様々なことを見つけることができる馬券理論」となり、2011年に「競馬最強の法則」にカラー特集され、単行本化されるまでの道が誕生することになったのです。

注）当時メールマガジンで配信していた時はミリオンダラー馬券術という名前ではなくR馬Rレベルという名称でした。

競馬予想の見える化に欠かせない馬券術

第一章では私自身がどういう経歴で競馬に興味を持ち、恐らく多くの競馬ファンの人たちと同じような悩みを持っていたということや、馬券に対する考え方と向き合い方について書かせていただきました。

レイティングは癖が強い指数ですが、その分だけ特徴が多く、特徴を知ることでワクワクするような目線が持てることで研究をし、ミリオンダラー馬券術がどういう経緯で誕生して広まり進化したのかということやR馬という

定義でクラス別の勝ち馬基準値があるということの説明をいたしました。

　第二章からは先程のレースのレベルという部分の説明や活用方法という内容になっていきますが、ミリオンダラー馬券術の最大の魅力は「競馬予想の見える化」だと思います。

　この馬はこのレースで勝てる能力があるのか？それとも無いのか？前走のレースの評価は高いのか？それとも低いのか？

　更に深く考えるのであれば、過去に中京の1200mを勝利しているがそのレースに価値はあるのか？「あの馬は中山巧者だから」という声を聞いて調べてみたら、中山で3戦3勝しているがその時のレースの評価が全て低い危険な人気馬、見せかけの巧者なのでは？そんなことが出馬表の文字から言葉で見えてくるのがミリオンダラー馬券術の最大の特徴だと言えます。

　そして今週より来週、来週より来月、来月より来年、再来年とデータを蓄積していくことで自分の情報量がどんどん増えていきます。それは本書の冒頭で書いた「競馬を楽しむ、予想を楽しむ」ということにも繋がって行きます。

　そして1つだけ意識していただきたいこととして、ミリオンダラー馬券術は「難しいことを簡単にしてしまおう」という馬券理論でもあります。指数、数値、R馬、レースレベル、そのほか色々な言葉が出てきますが人ははじめて見るものを拒絶するという性質があります。

　それゆえに簡単にするための馬券理論なのに「難しい」と考えてしまう人も実際におられます。スマートフォンもあれだけ便利で1つあるだけで様々なことが捗るのに、最初は「使うのが難しい」と拒絶した人が沢山いました。でも、今は町中でお子様からご老人までスマートフォンを使っていますよね。それと同じことですよ。

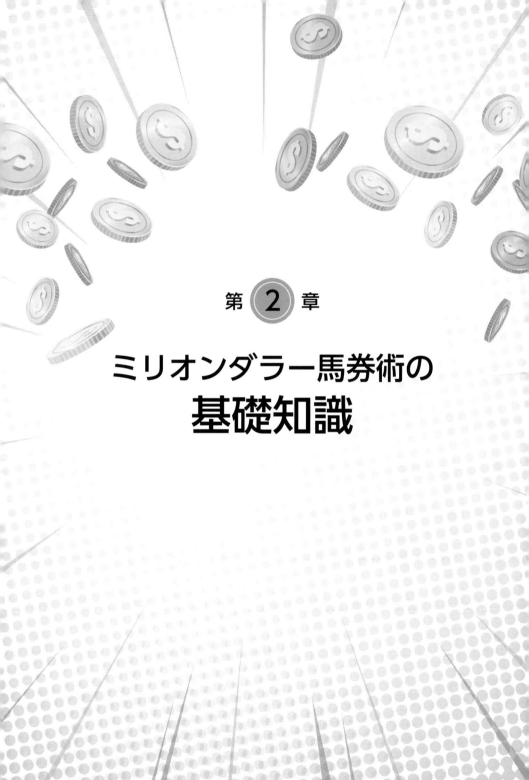

ミリオンダラー馬券術の心臓部　Rレベルとは

　レースのレベルを判断するための方法にレイティングを用いることで見出すというのは発想としては面白いものでしたが、それを実現するには簡単ではありませんでした。前章で書きましたように「レースのレベルが高ければ、それを経由した馬のレイティングは増加するべきではないだろうか？」ということに関しては検証をして1つの確信的なことを得るまでには至りましたが、これでは不完全です。なぜなら、前走がとある未勝利戦だとして18頭の出走馬がいたとします。この18頭が連闘なり中2週なり、はたまた半年後などに次走出走してその時に前走と今走のレイティングの比較をして多くの馬が増加していたとしましょう。

　ここでわかることは、この18頭が前走出走した未勝利戦のレベルは高かったのではないか？ということになりますが、この時点で18頭が出走してしまっているわけですから「レベルが高いレースを経由した馬を今走狙う」ということができません。完全なる手遅れなのです。

　ここで考えたことが「ではどんなレースでレイティングが増加する傾向にあるのか？」ということです。例えばそれはタイムでありラップでありという物が頭に浮かびますが、それを調べて判明したところでそれは一般的に競馬ファンが行うレースのレベル判定方法であり、振り出しに戻ってしまいます。「そういうことができないから簡単に判断をする方法はないのか？」というテーマなのですからこれはまさに本末転倒というやつです。

　そんな状態で悩んでいた私ですが、ヒントというのはどこから生まれるものかわかりません。競馬を研究している中で日常生活や自分の経験などが大きなヒントになることもあるのです。私は小学生の頃からいつも親を学校に呼び出されるような少々特殊な幼少期を過ごしていました。性格的に我が強くワガママでしたので、自分が好きな授業しか勉強しなくないというタイプですし、不良というわけではなく行動が極端なところがありますので、例えば掃除の時間に掃除をサボっている同級生が言うことを聞かないのでガラスを叩き割って大人しくさせるような今思えば馬鹿な奴でした。

　それは中学生のころでも同じで、好きな教科だった理科では良い点数を取るのに他の教科は授業にも出ず校舎裏に逃走していたり、社会のテストになると全ての解答欄に「リアス式海岸」と書いて2点だけ取るとかが標準でした。

そんな生活なのに人と人の関係が気になりすぎるところがあり、例えばいじめられっ子がいるとそれを過剰に助けすぎて加害者扱いされるようなこともあり、簡単に言えば「あの子と関わると良い高校にいけないよ」と言われてしまうような残念な子でした。

そんな私でしたので、行ける高校はたった2つしかないと言われてしまい、通学に2時間近くかかる高校と1時間半でいける高校から「30分お得だから」というだけの理由で高校を選択しました。その高校の名誉もありますので名前は出せませんが、当時は完全なるヤンキー高校でトイレに行くだけでも1人2人と喧嘩をしてからじゃないといけないような最悪の高校でした。

そんな高校で最初のテストを迎えたのですが……周りの生徒が頭を抱える中で、どういうわけか私は「あれっ？答えがわかるぞ？」という現象を経験します。もちろん内容が低レベルだからということもあるのですが、それでも勉強なんてろくにしていない私がこうもスラスラ解けるのはおかしいぞというような状態に自分で驚きました。この理由を考えてみると、私が住んでいる地域というのはとても環境が良くヤンキーと言っても「少々やんちゃな子」程度というような感じで、中学校も多くの生徒が真面目で勤勉であり良い高校に行く生徒が沢山いました。「腐ったみかん」は他のみかんも腐らせるということもあるのでしょうけど、私の場合は「腐ったみかんがとても良い環境で過ごしている」という状態でしたので、自然とある程度のレベルの頭になっていたのではないかと思ったのです。

「周りのレベルが高い中で過ごしていることが重要だったのだろうなぁ」この考えがミリオンダラー馬券術を完成させるきっかけになりました。

それはレースレベルが高かったという考え方をするのではなく、レースレベルが高くなる可能性が高いということや、そのレースが経験値になる可能性が高いレースを見つけることができるのではないか？ということです。そして、レベルの高い環境からレベルの低い環境に行けばその中では上位になれる可能性が高いのではないか？ということも自己の経験から思いつきました。そこで着手したことが、各クラス条件別での出走馬全体のレイティングの平均値を調べるということでした。この平均値とはすなわちそのクラスでの基準となる数値になるはずです。

次に、それを今回のレースに出走する競走馬のレイティングの平均値を取ることにして、2つの平均値の差を集計することにしたのです。

例えばある条件のレイティング平均値が60.0だとしましょう。それに対して出走馬のレイティング平均値が64.0もあるのであれば、そのレースはその条件においては強いメンバーが揃っているレースだとなりますし、逆に平均値が57.5しかないのであればそのレースはメンバーが揃っていない弱い馬が多い価値の薄いレースになるという考え方です。この差の数値を「Rレベル」と命名しました。

■Rレベル

条件	平均値
2歳未勝利ダート	49.4
2歳未勝利芝	50.3
3歳未勝利ダート	50.1
3歳未勝利芝	50.3
2歳500万ダート	53.8
2歳500万芝	54.3
3歳500万ダート	53.7
3歳500万芝	54.2
3歳以上500万ダート	53.6
3歳以上500万芝	54.0
4歳以上500万ダート	53.4
4歳以上500万芝	53.6
3歳以上1000万ダート	57.6
3歳以上1000万芝	57.8
4歳以上1000万ダート	57.4
4歳以上1000万芝	57.6
3歳以上1600万ダート	60.5
3歳以上1600万芝	60.7
4歳以上1600万ダート	60.6
4歳以上1600万芝	60.7
2歳オープン(芝・ダート)	54.6
3歳オープンダート	56.5
3歳オープン芝	56.3

条件	平均値
3歳以上オープンダート	62.8
3歳以上オープン芝	62.2
4歳以上オープンダート	62.9
4歳以上オープン芝	62.7
2歳G3(芝・ダート)	55.6
3歳G3ダート	57.7
3歳G3芝	56.7
3歳以上G3ダート	63.7
3歳以上G3芝	63.4
4歳以上G3ダート	63.5
4歳以上G3芝	63.5
2歳G2(芝・ダート)	55.6
3歳G2(芝・ダート)	58.0
3歳以上G2ダート	63.5
3歳以上G2芝	64.3
4歳以上G2(芝・ダート)	64.4
2歳G1(芝・ダート)	57.3
3歳G1(芝・ダート)	60.2
3歳以上G1ダート	65.4
3歳以上G1芝	66.5
4歳以上G1ダート	65.2
4歳以上G1芝	65.3

では、表を元にして1つ例を元に理解をしていきましょう。2018年12月28日の中山12R ベストウィッシュカップは3歳以上の1000万クラスの芝というレースでした。そこで表を確認すると3歳以上1000万芝は57.8が基準となります。

次にこのレースの出走馬のレイティングを確認して、この平均値を計算しましょう。平均値の計算がわからない人はいないと思いますが、念のために説明をすると全てを足して頭数で割ると答えになります。この場合は58.618…となりますが四捨五入で58.6という計算にしてください。この58.6が出走馬の平均値であり、57.8がレースの平均値ですので差は0.8となります。平均より＋0.8メンバーレベルが高いレースであるという判断ができるわけです。

ただ、0.8だの0.9だのと0.1刻みでレースを判断していては複雑化していくことになってしまいます。そこで一定の範囲で区切りそれぞれをわかりやすい名前で判別することで「見える化」をしていくという定義を作りました。

細分化しすぎても大雑把過ぎてもダメであろうと考え7パターンのレベルに分類をしています。

■ 2018年12月28日中山12R ベストウィッシュカップの出走馬レイティング

馬名	レイティング	馬名	レイティング
トータルソッカー	60.0	ナイトバナレット	59.4
オメガラヴィサン	59.2	プレトリア	59.7
レジーナドーロ	60.1	スカルバン	58.6
アドマイヤシナイ	60.1	サンクロワ	59.8
イサチルルンルン	54.4	ビオラフォーエバー	54.1
アイスフィヨルド	61.3	ユメノマイホーム	55.5
ホウオウパフューム	60.2	アルトリウス	59.1
エクラミレネール	57.8	トーセンリラ	58.6

■ Rレベルの分類表

高★レベル +1.6以上	そのクラスにおいて相当レベルの高いメンバーが揃ったレース。上のクラスの低レベル程度の馬とは互角に戦える能力があることが多く、このレースで好走すれば次走同クラスなら上位争いできるという予測ができ、また惨敗している馬でも次走のレベルが下がれば穴をあけることも珍しくない。
高+レベル +0.8 ▼ +1.5	そのクラスにおいてメンバーのレベルが高いレースであり、好走した馬は実力の証明になり、ここで昇級した馬は次走人気薄でも注意するべき。ここで好走できている馬ならこのクラスを勝ち切るチャンスは常にある。
高−レベル +0.3 ▼ +0.7	ややメンバーが揃ったレースと言える。 次走に関しては過信できないところがあるが、それは次走のRレベル次第というところ。昇級戦では苦戦することも多いがここでの勝ち方が良ければ能力は足りる。
普通レベル −0.2 ▼ +0.2	ここが基準となるそのクラスにおいて平均のレベルとなるレース。上のクラスとは差があり、同クラス内で言えばここでかなりの好走をすればレベルが高くても対応できることもあるが、凡走しているようでは能力が足りない。
低+レベル −0.3 ▼ −0.7	平均よりややレベルが低いレース。 ここで好走をしても実力の証明にはならず少し上のレベルになると苦戦することが多い。
低−レベル −0.8 ▼ −1.5	レベルがかなり低いと判断できるレースになるので、ここで好走しても次走高レベルに出走して人気を裏切ることも珍しくはない。
低★レベル −1.6以下	ここまでレベルが低いと参考になることが少ない。 例えば500万でこのレースで凡走した馬であれば、競馬のルール上ありえないことだが未勝利に戻ってももう勝ち上がれないかもしれない。

判定式

出走馬のレイティング平均値−同条件のレイティング平均値＝Rレベル値

ミリオンダラー馬券術の基本的な考え方

　ここまでに掲載したレイティングの癖や特徴、勝ち馬基準値を超えているR馬という存在。そしてRレベルというものについて理解をすると、この時点ですでに色々な活用方法のアイデアが生まれてきます。恐らく、今この本を読んでくださっている方も競馬ファン歴がある程度あれば1つ2つ、いや5つぐらいのアイデアがすでに浮かんでいるのではないでしょうか。

　基本的なところで言えばR馬が馬券内に来る確率が高いので馬券構成に役立てるということや、Rレベルを使って今走のレベルは高いから簡単なレースにはならないぞという予測をすることや、Rレベルを蓄積していくことで前走のレベルが高い中で差しの展開なのに逃げて7着なら次走チャンスなのでは？というような予想をしていくことなどが考えられます。

　また、過去に東京1600mで好走を連発しているがRレベルを見ると低いレースばかりなので世間的には東京マイル巧者と言われているがそれは相手が弱かっただけだからではないだろうか？というような仮説を立てることなどもできますね。

　逆に東京1600mで過去に1度も馬券内に来ていないが、着差は全て0.3秒以内でそれらのレースは全て高★のレースだったような場合なら、世間的には東京が苦手と思われていても実は隠れた東京マイル巧者なのでは？というようなワクワクする予測をすることも可能になります。数字だった部分が文字（R馬やレベル高★など）で見えるようになって劇的に変化するのは予想のイメージがしやすくなるということです。ミリオンダラー馬券術の基本というのはまさにその変化であると言えます。とは言ってもすぐに沢山のアイデアが生まれてあなただけのミリオンダラー馬券術とするには慣れることが必要になるはずです。そこで次の章からはミリオンダラー馬券術の効果的な狙い目をご紹介していきたいと思います。

Column Part 2

Club JRA － Net を活用しよう

　JRA が運営している Club JRA － Net というサービスがあります。（https://www.a-pat.jra.go.jp/clubapat_pc/htmls/index.html）
　こちらでは自分のネット投票の開催別の成績や騎手・競馬場別での馬券成績を見ることや的中馬券の画像を発行することなどができるものです。
　自分が得意な競馬場や自分と相性が良い騎手を知るということは、自分自身の特徴や癖を掴めますので参考にも反省にもなりますし、的中した馬券を保存してコレクションすることなどもモチベーションになります。
　本書で掲載している的中馬券の画像も Club JRA － Net で発行したものとなっております。
　またプレゼントに応募できる企画も頻繁にありますので登録をしておいて損をすることはありません。
　ところで、意外とこの Club JRA － Net を知らない競馬ファンの人も多いようでして、私が馬券の画像をアップすると「実物と違いすぎるニセモノ偽造馬券」なんて言う人もおられます。（笑）
　ネット投票が全体の7割となっている時代に JRA が昔から運営しているコンテンツですら、競馬ファンの隅々まで浸透していないという事実は、現代がいかに情報の格差があり、また情報の最先端に位置していないと勝ち組になることができないということにもつながりますね。

第3章 自信の本命を打つための活用方法

前走Rレベルが高いレースはお宝の宝庫

　ここからがようやくミリオンダラー馬券術を活用した考え方のご紹介となります。ここまではあくまでも基礎知識でありミリオンダラー馬券術についての理解を深めていただくものでした。ですので例えば単純にR馬を買えば良いということやRレベルが高いレースを経由した馬を買えば良いということではないことに注意してください。

　さて、やはりミリオンダラー馬券術を長く利用していただく方が参考にするのは前走のRレベルでのレース判定になります。

　掲載している表は今走のRレベルが普通以下の時の前走Rレベル別の成績となります。

■ 今走Rレベルが普通以下の時の前走Rレベル別の成績

前走Rレベル	着別度数	勝率	連対率	複勝率	単勝回収値	複勝回収値
高★	171- 160- 159-1292/1782	9.6%	18.6%	27.5%	81	78
高+	531- 558- 563-5021/6673	8.0%	16.3%	24.8%	78	80
高-	594- 561- 587-6054/7796	7.6%	14.8%	22.3%	78	75
普通	514- 527- 472-5706/7219	7.1%	14.4%	21.0%	69	67
低+	297- 288- 339-3856/4780	6.2%	12.2%	19.3%	73	68
低-	150- 164- 164-2495/2973	5.0%	10.6%	16.1%	64	63
低★	11- 18- 24- 309/ 362	3.0%	8.0%	14.6%	28	57

　まず間違えてほしくない点としては、前走高★経由の馬が同レースに何頭もいれば勝率は表のように低くでます。同じレースに2頭該当して1頭勝利していたら勝率100%ですが50%と計算するためです。なので実際には実数値で17%ほどありますが、表ではこのように出ることをご理解ください。

　まずこの表を見るだけでもわかることとして、今走普通レベル以下に出走する馬は前走Rレベルが高いほど成績が良いということということです。Rレベルが高い方に価値があるという構図がミリオンダラー馬券術の基本になります。ただそれが全てではなく、様々なアイデアがあるということをこれからご紹介していきます。

未勝利戦を狙う

　まずは朝から沢山行われる未勝利戦の狙い目をピックアップしていくことで慣れていくというのは良い方法だと思いますし、G1でも未勝利戦でも馬券の価値は同じですので例えば重賞しか買わないという人もこの機会にチャレンジしてみてください。未勝利戦というのは馬券予想の情報が少ないですので、基本的に競馬ファンが買うのは前走2着だった馬の「順番待ち」ですし、競馬新聞にしても本命印を打つのは前走2着の馬ばかりです。それがよくわかるのが表に掲載したデータです。

■ 前走2着の今走人気別成績（未勝利戦）

人気	着別度数	勝率	連対率	複勝率	単勝回収値	複勝回収値
1番人気	241- 129- 88- 193/ 651	37.0%	56.8%	70.4%	73	82
2番人気	73- 72- 53- 153/ 351	20.8%	41.3%	56.4%	78	84
3番人気	25- 24- 37- 113/ 199	12.6%	24.6%	43.2%	68	77
4番人気	13- 15- 14- 77/ 119	10.9%	23.5%	35.3%	79	72
5番人気	6- 7- 9- 44/ 66	9.1%	19.7%	33.3%	89	86
6番人気	3- 3- 4- 29/ 39	7.7%	15.4%	25.6%	123	98
7番人気	1- 1- 3- 13/ 18	5.6%	11.1%	27.8%	104	112
8番人気	0- 0- 0- 9/ 9	0.0%	0.0%	0.0%	0	0
9番人気	0- 1- 0- 9/ 10	0.0%	10.0%	10.0%	0	74
10番人気	0- 0- 0- 5/ 5	0.0%	0.0%	0.0%	0	0
11番人気	0- 0- 0- 2/ 2	0.0%	0.0%	0.0%	0	0
12番人気	0- 0- 1- 4/ 5	0.0%	0.0%	20.0%	0	168
13番人気	0- 0- 0- 2/ 2	0.0%	0.0%	0.0%	0	0

　2018年を例にしていますが、未勝利戦での1番人気馬がいかに前走2着の馬ばかりなのか一目瞭然ですね。単純に「前走2着だから次は1着だろう」というような予想を誰しもがしているという証拠になりますし、今走1番人気だけではなくほぼ上位人気になっているということもいかに単純に馬を買っているのかわかります。また午前中の未勝利戦ともなると「午後のために堅い馬券でも当てておきたい」という心理が働きますので、このような置きに行く買い方をしてしまうのでしょう。しかし回収率を見れば控除率以下の成績なのですから午後の勢いづけにはなりません。ですが全ての前走2着馬の成績が悪いわけではありません。胸を張って狙える前走2着馬をピック

アップする方法もあるのです。

```
・前走Rレベル高★
・デビューから4戦目以降
```

たったこれだけのことで前走2着の馬の成績は見違えるように上昇し、堅実な本命馬として信頼がおける存在になってくれます。キャリア4戦目以降というのは1つの目安ですが、デビュー早々に2着になっている馬だとポジティブな情報しかないので人気を被りすぎてしまい配当妙味が落ちてしまう傾向にあるために目安として設定をしています。この該当馬の結果は表を見てご確認いただきたいですが、先程の前走2着馬と比較していかがでしょうか？

■ 絞り込みをかけた前走2着の今走人気別成績（未勝利戦）

人気	着別度数	勝率	連対率	複勝率	単勝回収値	複勝回収値
1番人気	40- 24- 12- 30/106	37.7%	60.4%	71.7%	83	88
2番人気	17- 11- 7- 31/ 66	25.8%	42.4%	53.0%	111	82
3番人気	7- 11- 7- 20/ 45	15.6%	40.0%	55.6%	77	103
4番人気	4- 2- 1- 17/ 24	16.7%	25.0%	29.2%	121	75
5番人気	1- 0- 2- 4/ 7	14.3%	14.3%	42.9%	124	108
6番人気	1- 1- 0- 6/ 8	12.5%	25.0%	25.0%	150	68
7番人気	1- 0- 0- 2/ 3	33.3%	33.3%	33.3%	626	163
8番人気	0- 0- 0- 2/ 2	0.0%	0.0%	0.0%	0	0
9番人気	0- 0- 0- 2/ 2	0.0%	0.0%	0.0%	0	0
10番人気	0- 0- 1- 1/ 2	0.0%	0.0%	50.0%	0	335
11番人気	0- 0- 0- 0/ 0	－	－	－	－	－
12番人気	0- 0- 1- 0/ 1	0.0%	0.0%	100.0%	0	840
13番人気	0- 0- 0- 1/ 1	0.0%	0.0%	0.0%	0	0

該当馬は当然減少しますが、これほどまでに成績が違うのかという驚きがあるのではないでしょうか。前走がスカスカのメンバーのレースで2着だった馬でも無条件に人気にしてしまう競馬ファンと競馬新聞の印を回避して、前走レベルの高いメンバーの中で2着になった「500万クラスで戦うべき馬」を見つけ出すことがこんな単純に簡単にピックアップできてしまうのがミリ

[第3章] 自信の本命を打つための活用方法

オンダラー馬券術の魅力の1つです。該当したレースを紹介しましょう。

2016年10月1日の中山3Rでは前走2着だった戸崎騎手騎乗のボスキャットグレイが1番人気となっていました。デビューから蛯名騎手やデムーロ騎手が騎乗して戸崎騎手の騎乗ですから人気になるのは当然です。しかし前走2着となった前走レースのRレベルは高−判定でした。一方で勝ち馬のキセキノムスメは前走Rレベル高★判定での2着であり、もっと言えば2走前も高★で5着、3走前は高＋で2着、4走前も高＋で2着と強い相手と戦って実績を積んできた馬ですが3番人気6.1倍の配当となっていました。このように他の人気上位馬が高くないRレベルで好走した馬の時は積極的に狙いたい条件ですし、午前中はしっかり当てて午後に備えたいという競馬ファンの人は無差別に前走2着馬を買い続けて負けるのではなく、絞って本当に買える前走2着馬をしっかりと手に入れていくことが重要になります。

500万クラスを狙う

私は個人的に500万クラスが一番面白いと感じていますし、馬券でも500万クラスで勝負することがとても多いです。というのも例外はありますが最低でも1勝している馬の集まりでありますから、何かその馬に変化であり成長があれば勝てるチャンスはあるわけです。また逆に言えば何かが足りないという馬も多いということになります。

見方によれば勝利してクラスが上がると勝てなくなるので、できるだけ良い着順を狙いたいが勝ちたくないという戦略の馬主さんもいるでしょうし、意地でもここを勝てば目標としているレースへのローテーションを組むというようなこともあるでしょう。

競馬の面白さが詰まっているのが500万クラスだと私は感じています。そんな500万クラスでもダートに関しては特にミリオンダラー馬券術と相性が良いことから、馬券的な相性が良いので好きということも本音です。その

500万ダートを愛する私が毎週チェックしている狙い馬についてご紹介したいと思います。

まず最初に表をご覧ください。これは500万クラスダート戦の出走馬の前走Rレベル別の成績となっています。

■ 500万下ダート戦出走馬の前走Rレベル別成績

前走Rレベル	着別度数	勝率	連対率	複勝率	単勝回収値	複勝回収値
高★	303- 305- 267-2423/3298	9.2%	18.4%	26.5%	90	79
高＋	650- 627- 660-6228/8165	8.0%	15.6%	23.7%	83	80
高－	402- 423- 461-5142/6428	6.3%	12.8%	20.0%	67	76
普通	238- 216- 197-2938/3589	6.6%	12.6%	18.1%	71	69
低＋	88- 94- 86-1271/1539	5.7%	11.8%	17.4%	52	65
低－	28- 32- 27- 477/ 564	5.0%	10.6%	15.4%	67	60
低★	3- 3- 1- 35/ 42	7.1%	14.3%	16.7%	32	46

単勝の回収率が高★と高＋が非常に高く、それ以外がかなり低いという傾向がありますので、単純に狙うべきは前走Rレベルが高＋以上の馬の中から選んでいくことが正解であるということが言えます。

そのRレベル高＋以上の馬に対して次の条件を加えます。

- ・今走Rレベル高－以上
- ・前走4着以下
- ・6歳以上は除く
- ・連闘馬　12週以上の休み明け馬　叩き2戦目（12週以上の休み明けの次のレースで再度休み明けではない馬）は除く

まず、前走のレベルが高いということが1つの条件となっていますが、今走も高－以上というのはオッズ的な妙味が生まれることに繋がるからです。Rレベルというもの自体はミリオンダラー馬券術を知る人にしかわからないものですが、それでも良い馬が揃っているレースやその逆というのはある程度戦歴でわかるわけですから、レベルが低いレースだと該当馬が極端に人気になることも避けされないことがあるからです。前走4着以下を狙うというのはこれも人気的な部分で今走狙い目となるからで、特にダートの場合は堅

[第3章] 自信の本命を打つための活用方法

実な馬が人気をしますから前走1〜3着は回収率を取る意味で省く方がいいのです。

　また500万でうろうろしている6歳馬には上がり目があまりないので除くということと、連闘馬に関しては前走ハイレベルな相手と戦っている負担があると考え、また叩き2走目の馬は2走ボケのリスクがあること（叩き2戦目という競馬ファン定番の狙い目がありますが、毎年回収率が低いことを知っている競馬ファンは少ないですね）またダートの場合は厳しいレースで使われてたくましくなると思いますので、前走のレベルが高くても休み明けとなると仕上がりの問題もありますので、これらはメリットよりデメリットを取って省いて狙っていくことが良いと考えています。該当馬のレース的中率は22.6％で回収率は117.7％と高いですが、人気別に見ると人気薄がかなり美味しいということがわかります。

■ 条件でフィルターをかけた場合の人気別成績

人気	着別度数	勝率	連対率	複勝率	単勝回収値	複勝回収値
1番人気	38- 28- 12- 56/ 134	28.4%	49.3%	58.2%	78	83
2番人気	38- 41- 45- 128/ 252	15.1%	31.3%	49.2%	70	84
3番人気	43- 37- 48- 158/ 286	15.0%	28.0%	44.8%	91	92
4番人気	32- 44- 46- 195/ 317	10.1%	24.0%	38.5%	83	90
5番人気	28- 41- 28- 249/ 346	8.1%	19.9%	28.0%	94	86
6番人気	34- 28- 28- 240/ 330	10.3%	18.8%	27.3%	160	106
7番人気	16- 28- 20- 256/ 320	5.0%	13.8%	20.0%	99	88
8番人気	15- 21- 25- 262/ 323	4.6%	11.1%	18.9%	121	108
9番人気	10- 18- 15- 286/ 329	3.0%	8.5%	13.1%	69	86
10番人気	9- 10- 9- 252/ 280	3.2%	6.8%	10.0%	132	91
11番人気	7- 6- 13- 267/ 293	2.4%	4.4%	8.9%	87	81
12番人気	7- 7- 5- 255/ 274	2.6%	5.1%	6.9%	190	104
13番人気	3- 6- 7- 211/ 227	1.3%	4.0%	7.0%	137	134
14番人気	1- 1- 6- 172/ 180	0.6%	1.1%	4.4%	123	127
15番人気	2- 0- 3- 154/ 159	1.3%	1.3%	3.1%	375	138
16番人気	0- 0- 0- 87/ 87	0.0%	0.0%	0.0%	0	0

　該当馬が同じレースに多いほど波乱傾向があるために、4頭以上該当したレースでの6番人気以下の馬は回収率が161％と非常に高いことが特徴です。的中例をご紹介します。2018年9月15日中山8R、1着馬は藤田菜七子騎手

騎乗のコウユーホクト。前走Rレベル高＋のダート戦で5着という結果から人気はしていませんでしたが今走高＋のレースで見事な差し切り勝ちを披露することになりました。

　このレースで1番人気だったシルバーストーンは前走高＋レベルで9着の馬でしたから、それだけでもコウユーホクトに妙味があったと言えます。単勝はもちろん買うとして3連単は1着固定、2着には前走高★で10着と敗れているものの2走前には高＋で2着の実績があるアルゴロオジエを入れて流すことで3連単472,390円という高配当の的中を手にしました。

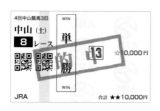

　2017年11月19日東京7R、1着馬は単勝43.2倍の人気薄ラインフェルス。前走は高＋で8着という結果でしたがそれゆえに人気薄になってくれましたし、高★の500万クラスで2着や3着になっている経歴は何度もある馬でした。

　また抜けた1番人気のバスカヴィルは成績こそ安定はしていますが勝利したことがあるレースが低＋の未勝利戦だけという馬なので、このような危険な馬が人気を吸い取ってくれたことも穴馬券を的中できた理由の1つとなります。的中したのは単勝馬券のみですが、払い戻しは432,000円ですから十分な利益になりました。

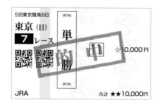

　2018年4月8日中山6R、1着馬はマイネルサリューエ。見事なマクリで9番人気ながら勝利してくれました。今走は高－でしたが、前走は高＋で7着という結果でマクリが不発したというようなレースでした。ただその前は同条

件の高-で0.1秒差の3着と大善戦をしていた馬です。

このレースで抜けた人気だったスウィングビートは前走こそ高＋を2着していましたがその前に同コースで普通レベルを4着という結果で負けており1.8倍になるまでの実績はなかったですので、このような大きな配当が生まれたのではないでしょうか。単勝25.9倍は中々の美味しい配当でした。

1000万クラスを狙う

1000万クラスにもなるとそれぞれの馬にファンが見てもわかる個性がある場合が多いと感じます。ここで言う個性とは例えばどこで強くどこが苦手かというようなことや、どういう馬場状態や距離、展開に強いか弱いかというようなことです。それゆえに何かが変われば大きく結果が変わっても不思議ではありません。

ところで、ライト層も含めた競馬ファンの中では重賞で勝ち負けしている馬だけを優秀として条件馬には興味もないという人もいます。しかし1000万クラスまで来ている馬は競走馬の総数から考えれば優秀であると私は思いますし、あっちでもこっちでもダメな馬は少なく競走馬をアスリートだと考えるならリスペクトするべき存在であると私は考えています。そういう部分を含んだ狙い目を私は愛用しています。

さて、1000万クラスで狙い目となる馬の条件はこのようなものです。

- 前走Rレベル高★
- 今走も前走も1000万クラス
- 前走6着以下
- 前走と今走が別の競馬場

前走ハイレベルなレースで掲示板に載れなかったということで下がる注目度と、今走競馬場が変わることによって変わり身がある可能性が上がることでの相乗効果がこの成績に出ているのだと思います。人気をしていても実力を考えると美味しいオッズであることも多く、また中穴どころの勝率が高いことで全体的にバランスの良い狙い目となっていることが特徴です。

■ 条件でフィルターをかけた場合の人気別成績

人気	着別度数	勝率	連対率	複勝率	単勝回収値	複勝回収値
1番人気	10- 3- 1- 1/ 15	66.7%	86.7%	93.3%	184	131
2番人気	6- 2- 3- 14/ 25	24.0%	32.0%	44.0%	100	83
3番人気	1- 2- 6- 14/ 23	4.3%	13.0%	39.1%	22	71
4番人気	4- 5- 2- 17/ 28	14.3%	32.1%	39.3%	138	120
5番人気	5- 2- 7- 21/ 35	14.3%	20.0%	40.0%	176	106
6番人気	5- 4- 4- 18/ 31	16.1%	29.0%	41.9%	251	140
7番人気	1- 1- 0- 26/ 28	3.6%	7.1%	7.1%	96	33
8番人気	3- 0- 3- 33/ 39	7.7%	7.7%	15.4%	140	66
9番人気	1- 0- 1- 25/ 27	3.7%	3.7%	7.4%	70	45
10番人気	0- 1- 0- 29/ 30	0.0%	3.3%	3.3%	0	25
11番人気	0- 1- 3- 23/ 27	0.0%	3.7%	14.8%	0	155
12番人気	0- 1- 0- 26/ 27	0.0%	3.7%	3.7%	0	68
13番人気	0- 0- 0- 23/ 23	0.0%	0.0%	0.0%	0	0
14番人気	1- 0- 1- 19/ 21	4.8%	4.8%	9.5%	556	198
15番人気	0- 0- 0- 25/ 25	0.0%	0.0%	0.0%	0	0
16番人気	0- 0- 0- 8/ 8	0.0%	0.0%	0.0%	0	0
17番人気	0- 0- 0- 2/ 2	0.0%	0.0%	0.0%	0	0

2018年8月5日小倉10R、1着馬はディグニファイド。10頭立てのレースで単勝一桁台の馬が6頭もいたレースですので、7番人気から以下は参加するだけのように思う人が多かったはずです。しかしディグニファイドはこの10頭の中で唯一前走Rレベル高★を走っている馬という状況でしたし、競馬場が変わり小倉での参戦となりましたが下のクラスとは言え500万のRレベル高－で2着という経験もあり、まさに一変に期待という言葉が相応しい馬でした。

結果は2番手から先行押し切りで2着馬に0.2秒差をつけた余裕のある勝利となり、単勝は26.9倍という良い配当になり、その他の配当も高く「人気

が無いほど厚く張ることがギャンブルの正解」というスタイルですので、大きな配当を手にすることができました。

2016年10月8日京都10R1着馬はラクアミ。単勝8番人気ということが意外で当時驚いた記憶が残っています。前走は7着でしたが、それが昇級初戦のRレベル高★で差し馬が上位を占める中で先行して0.4秒差の負けだったのですから評価をするべきです。結果的に逃げてそのまま人気馬達を抑え込んでの見事な勝利で、単勝配当は19.4倍の中穴となりました。またもう少し細かいところまで振り返ると500万クラスの時ですが京都で高★を3着していますし、その2走後には同じく京都の高★を6着とは言え着差0.2秒で走っているわけですから隠れた京都巧者でもあったと言えます。

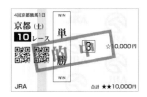

G1レースを振り返る

ミリオンダラー馬券術と大きなレースという目線でももちろん参考になることが沢山あります。ここでは2016年～2018年の障害レースを除いたG1レースの結果を元にしていきますが、全73レースあった中でR＋馬に該当した馬が勝利した数は46レースあり、R－馬が勝利したレースは10レースありました。割合にするとG1の勝ち馬がそれに該当している確率は約77％ほどとなります。残り17レースは非該当の馬が勝利してしまいましたが、この中の12レースは2歳限定と3歳限定でのG1となっており、要するに前走が新馬戦だったりキャリア数が少ないなどでレイティングが低く出ているパ

ターンというケースが多いということになります。題材としてレイティングとアーモンドアイについての話を書いた時と同じケースであるということになりますね。

　近年のG1は能力の高い馬にルメールとデムーロが騎乗して勝ち続けるという状況からあまり荒れることがありませんので大穴は狙えませんが、このG1でR＋かR－に該当している馬で単勝10倍台の馬が回収率145％あるということから、G1で好配当を狙うならこのゾーンが現状ではオススメできます。また、該当馬が1頭のこともあればほぼ全頭というところまでありますが、馬連ボックスで集計をすると全体の60％がR＋とR－馬で決着しており、全体の48％が3着までを占めているという結果になっています。

　またG2とG3でも傾向としては同じで、障害を除きこの期間で312レースあった中の213レースでR＋馬かR－馬が勝利しており、割合で言うと72.4％の勝ち馬に該当していることになっています。（312レースからR馬が1頭もいなかった18レースを除く）
　また非該当の馬が勝利したレースの多くはやはり2歳限定と3歳限定となっています。予想をする時にまず一定数まで勝ち馬候補を絞るという使い方でR馬を使うというのはミリオンダラー馬券術に慣れていくための経験になると思います。

[第3章] 自信の本命を打つための活用方法

■ G1勝ち馬のR馬判定一覧

開催日	レース名	馬名	R馬判定
181216	フューチュリ	アドマイヤマーズ	R+
181202	チャンピオン	ルヴァンスレーヴ	R+
181125	JC	アーモンドアイ	R−
181111	エリザベス女	リスグラシュー	R+
181104	JBCレディス	アンジュデジール	R+
181104	JBCクラシッ	ケイティブレイブ	R+
181104	JBCスプリン	グレイスフルリープ	R+
181028	天皇賞秋	レイデオロ	R+
181014	秋華賞	アーモンドアイ	R+
180930	スプリンター	ファインニードル	R+
180624	宝塚記念	ミッキーロケット	R−
180603	安田記念	モズアスコット	R+
180527	東京優駿	ワグネリアン	R−
180520	優駿牝馬	アーモンドアイ	R+
180513	ヴィクトリア	ジュールポレール	R+
180429	天皇賞春	レインボーライン	R+
180401	大阪杯	スワーヴリチャード	R+
180325	高松宮記念	ファインニードル	R+
180218	フェブラリー	ノンコノユメ	R+
171228	ホープフルS	タイムフライヤー	R+
171224	有馬記念	キタサンブラック	R+
171217	フューチュリ	ダノンプレミアム	R+
171210	阪神ジュベナ	ラッキーライラック	R+
171203	チャンピオン	ゴールドドリーム	R+
171126	JC	シュヴァルグラン	R+
171029	天皇賞秋	キタサンブラック	R+
171022	菊花賞	キセキ	R+
171015	秋華賞	ディアドラ	R+
171001	スプリンター	レッドファルクス	R+
170625	宝塚記念	サトノクラウン	R+
170604	安田記念	サトノアラジン	R+
170528	東京優駿	レイデオロ	R+
170521	優駿牝馬	ソウルスターリング	R+
170507	NHKマイル	アエロリット	R−
170430	天皇賞春	キタサンブラック	R+
170402	大阪杯	キタサンブラック	R+
170326	高松宮記念	セイウンコウセイ	R+
170219	フェブラリー	ゴールドドリーム	R−
161225	有馬記念	サトノダイヤモンド	R−
161218	フューチュリ	サトノアレス	R+
161204	チャンピオン	サウンドトゥルー	R+
161127	JC	キタサンブラック	R+
161120	マイルチャン	ミッキーアイル	R+
161113	エリザベス女	クイーンズリング	R−
161030	天皇賞秋	モーリス	R+
161023	菊花賞	サトノダイヤモンド	R+
161002	スプリンター	レッドファルクス	R−
160626	宝塚記念	マリアライト	R+
160605	安田記念	ロゴタイプ	R−
160529	東京優駿	マカヒキ	R+
160522	優駿牝馬	シンハライト	R+
160515	ヴィクトリア	ストレイトガール	R+
160508	NHKマイル	メジャーエンブレム	R+
160501	天皇賞春	キタサンブラック	R+
160327	高松宮記念	ビッグアーサー	R+
160221	フェブラリー	モーニン	R−

43

■ G2、G3勝ち馬のR馬判定一覧 (1/3)

開催日	レース名	馬名	R馬判定	開催日	レース名	馬名	R馬判定
181222	阪神カップ	ダイアナヘイロー	R+	180617	函館スプリン	セイウンコウセイ	R+
181215	ターコイズS	ミスパンテール	R+	180610	エプソムカッ	サトノアーサー	R+
181209	カペラS	コパノキッキング	R+	180602	鳴尾記念	ストロングタイタン	R+
181201	チャレンジカ	エアウィンザー	R+	180519	平安S	サンライズノア	R+
181125	京阪杯	ダノンスマッシュ	R+	180512	京王杯S	ムーンクエイク	R-
181124	京都2歳S	クラージュゲリエ	R+	180506	新潟大賞典	スズカデヴィアス	R+
181117	東京スポーツ	ニシノデイジー	R+	180422	マイラーズC	サングレーザー	R+
181111	福島記念	スティッフェリオ	R+	180421	福島牝馬S	キンショーユキヒメ	R+
181110	デイリー杯2	アドマイヤマーズ	R+	180415	アンタレスS	グレイトパール	R+
181110	武蔵野S	サンライズノヴァ	R+	180414	アーリントン	タワーオブロンドン	R+
181104	アルゼンチン	パフォーマプロミス	R+	180407	阪神牝馬S	ミスパンテール	R+
181103	京王杯2歳S	ファンタジスト	R+	180331	ダービー卿チ	ヒーズインラブ	R+
181027	スワンS	ロードクエスト	R+	180325	マーチS	センチュリオン	R+
181020	富士S	ロジクライ	R+	180324	毎日杯	ブラストワンピース	R+
181013	アイルランド	ディアドラ	R+	180318	阪神大賞典	レインボーライン	R+
181008	京都大賞典	サトノダイヤモンド	R+	180318	スプリングS	ステルヴィオ	R+
181007	毎日王冠	アエロリット	R+	180317	ファルコンS	ミスターメロディ	R+
180923	神戸新聞杯	ワグネリアン	R+	180311	金鯱賞	スワーヴリチャード	R+
180923	オールカマー	レイデオロ	R+	180304	弥生賞	ダノンプレミアム	R+
180917	セントライト	ジェネラーレウーノ	R-	180303	チューリップ	ラッキーライラック	R+
180909	セントウルS	ファインニードル	R+	180303	オーシャンS	キングハート	R+
180909	オータムH	ミッキーグローリー	R+	180225	阪急杯	ダイアナヘイロー	R+
180908	紫苑S	ノームコア	R+	180225	中山記念	ウインブライト	R+
180826	キーンランド	ナックビーナス	R+	180218	小倉大賞典	トリオンフ	R+
180819	北九州記念	アレスバローズ	R+	180217	ダイヤモンド	フェイムゲーム	R+
180819	札幌記念	サングレーザー	R+	180204	東京新聞杯	リスグラシュー	R+
180812	エルムS	ハイランドピーク	R+	180128	シルクロード	ファインニードル	R+
180805	小倉記念	トリオンフ	R+	180128	根岸S	ノンコノユメ	R+
180729	アイビスサマ	ダイメイプリンセス	R+	180121	東海S	テイエムジンソク	R+
180729	クイーンS	ディアドラ	R+	180114	日経新春杯	パフォーマプロミス	R-
180722	中京記念	グレーターロンドン	R+	180113	愛知杯	エテルナミノル	R+
180715	函館記念	エアアンセム	R+	180106	京都金杯	ブラックムーン	R+
180708	プロキオンS	マテラスカイ	R+	171223	阪神カップ	イスラボニータ	R+
180701	CBC賞	アレスバローズ	R+	171210	カペラS	ディオスコリダー	R-
180701	ラジオNIKKEI	メイショウテッコン	R+	171209	中日新聞杯	メートルダール	R+
180617	ユニコーンS	ルヴァンスレーヴ	R+	171202	ステイヤーズ	アルバート	R+

44

[第 3 章] 自信の本命を打つための活用方法

■ G2、G3勝ち馬のR馬判定一覧 (2/3)

開催日	レース名	馬名	R馬判定
171126	京阪杯	ネロ	R+
171118	東京スポーツ	ワグネリアン	R+
171111	武蔵野S	インカンテーション	R+
171105	みやこS	テイエムジンソク	R+
171104	京王杯2歳S	タワーオブロンドン	R+
171021	富士S	エアスピネル	R+
171014	アイルランド	クロコスミア	R+
171009	京都大賞典	スマートレイアー	R+
171008	毎日王冠	リアルスティール	R+
170930	シリウスS	メイショウスミトモ	R+
170924	神戸新聞杯	レイデオロ	R+
170924	オールカマー	ルージュバック	R+
170918	セントライト	ミッキースワロー	R−
170917	ローズS	ラビットラン	R−
170910	セントウルS	ファインニードル	R+
170910	オータムH	グランシルク	R+
170909	紫苑S	ディアドラ	R+
170903	新潟記念	タツゴウゲキ	R+
170827	キーンランド	エポワス	R+
170820	北九州記念	ダイアナヘイロー	R+
170820	札幌記念	サクラアンプルール	R+
170813	関屋記念	マルターズアポジー	R+
170813	エルムS	ロンドンタウン	R+
170730	クイーンS	アエロリット	R+
170723	中京記念	ウインガニオン	R+
170716	函館記念	ルミナスウォリアー	R+
170709	プロキオンS	キングズガード	R+
170709	七夕賞	ゼーヴィント	R+
170702	ラジオNIKKEI	セダブリランテス	R−
170611	マーメイドS	マキシマムドパリ	R+
170611	エプソムカップ	ダッシングブレイズ	R+
170603	鳴尾記念	ステイインシアトル	R+
170528	目黒記念	フェイムゲーム	R+
170520	平安S	グレイトパール	R−
170513	京王杯ス	レッドファルクス	R+
170507	新潟大賞典	サンデーウィザード	R+

開催日	レース名	馬名	R馬判定
170506	京都新聞杯	プラチナムバレット	R+
170423	マイラーズC	イスラボニータ	R+
170422	福島牝馬S	ウキヨノカゼ	R+
170415	アンタレスS	モルトベーネ	R+
170408	阪神牝馬S	ミッキークイーン	R+
170401	ダービー卿チ	ロジチャリス	R+
170326	マーチS	インカンテーション	R+
170325	毎日杯	アルアイン	R−
170320	フラワーカップ	ファンディーナ	R+
170319	阪神大賞典	サトノダイヤモンド	R+
170318	ファルコンS	コウソクストレート	R+
170312	中山牝馬S	トーセンビクトリー	R−
170311	金鯱賞	ヤマカツエース	R+
170305	弥生賞	カデナ	R−
170304	チューリップ	ソウルスターリング	R+
170304	オーシャンS	メラグラーナ	R+
170226	阪急杯	トーキングドラム	R+
170226	中山記念	ネオリアリズム	R+
170225	アーリントン	ペルシアンナイト	R+
170219	小倉大賞典	マルターズアポジー	R+
170218	京都牝馬S	レッツゴードンキ	R+
170218	ダイヤモンド	アルバート	R+
170212	京都記念	サトノクラウン	R+
170205	東京新聞杯	ブラックスピネル	R+
170129	シルクロード	ダンスディレクター	R+
170129	根岸S	カフジテイク	R+
170122	東海S	グレンツェント	R+
170122	アメリカジョ	タンタアレグリア	R+
170114	愛知杯	マキシマムドパリ	R+
170105	京都金杯	エアスピネル	R+
170105	中山金杯	ツクバアズマオー	R+
161225	ホープフルS	レイデオロ	R+
161224	阪神カップ	シュウジ	R+
161211	カペラS	ノボバカラ	R+
161203	金鯱賞	ヤマカツエース	R+
161203	ステイヤーズ	アルバート	R+

45

■ G2、G3勝ち馬のR馬判定一覧 (2/3)

開催日	レース名	馬名	R馬判定
171126	京阪杯	ネロ	R+
171118	東京スポーツ	ワグネリアン	R+
171111	武蔵野S	インカンテーション	R+
171105	みやこS	テイエムジンソク	R+
171104	京王杯2歳S	タワーオブロンドン	R+
171021	富士S	エアスピネル	R+
171014	アイルランド	クロコスミア	R+
171009	京都大賞典	スマートレイアー	R+
171008	毎日王冠	リアルスティール	R+
170930	シリウスS	メイショウスミトモ	R+
170924	神戸新聞杯	レイデオロ	R+
170924	オールカマー	ルージュバック	R+
170918	セントライト	ミッキースワロー	R−
170917	ローズS	ラビットラン	R−
170910	セントウルS	ファインニードル	R+
170910	オータムH	グランシルク	R+
170909	紫苑S	ディアドラ	R+
170903	新潟記念	タツゴウゲキ	R+
170827	キーンランド	エポワス	R+
170820	北九州記念	ダイアナヘイロー	R+
170820	札幌記念	サクラアンプルール	R+
170813	関屋記念	マルターズアポジー	R+
170813	エルムS	ロンドンタウン	R+
170730	クイーンS	アエロリット	R+
170723	中京記念	ウインガニオン	R+
170716	函館記念	ルミナスウォリアー	R+
170709	プロキオンS	キングズガード	R+
170709	七夕賞	ゼーヴィント	R+
170702	ラジオNIKKEI	セダブリランテス	R−
170611	マーメイドS	マキシマムドパリ	R+
170611	エプソムカッ	ダッシングブレイズ	R+
170603	鳴尾記念	ステイインシアトル	R+
170528	目黒記念	フェイムゲーム	R+
170520	平安S	グレイトパール	R−
170513	京王杯S	レッドファルクス	R+
170507	新潟大賞典	サンデーウィザード	R+

開催日	レース名	馬名	R馬判定
170506	京都新聞杯	プラチナムバレット	R+
170423	マイラーズC	イスラボニータ	R+
170422	福島牝馬S	ウキヨノカゼ	R+
170415	アンタレスS	モルトベーネ	R+
170408	阪神牝馬S	ミッキークイーン	R+
170401	ダービー卿チ	ロジチャリス	R+
170326	マーチS	インカンテーション	R+
170325	毎日杯	アルアイン	R−
170320	フラワーカッ	ファンディーナ	R+
170319	阪神大賞典	サトノダイヤモンド	R+
170318	ファルコンS	コウソクストレート	R−
170312	中山牝馬S	トーセンビクトリー	R−
170311	金鯱賞	ヤマカツエース	R+
170305	弥生賞	カデナ	R−
170304	チューリップ	ソウルスターリング	R+
170304	オーシャンS	メラグラーナ	R+
170226	阪急杯	トーキングドラム	R+
170226	中山記念	ネオリアリズム	R+
170225	アーリントン	ペルシアンナイト	R+
170219	小倉大賞典	マルターズアポジー	R+
170218	京都牝馬S	レッツゴードンキ	R+
170218	ダイヤモンド	アルバート	R+
170212	京都記念	サトノクラウン	R+
170205	東京新聞杯	ブラックスピネル	R+
170129	シルクロード	ダンスディレクター	R+
170129	根岸S	カフジテイク	R+
170122	東海S	グレンツェント	R+
170122	アメリカジョ	タンタアレグリア	R+
170114	愛知杯	マキシマムドパリ	R+
170105	京都金杯	エアスピネル	R+
170105	中山金杯	ツクバアズマオー	R+
161225	ホープフルS	レイデオロ	R+
161224	阪神カップ	シュウジ	R+
161211	カペラS	ノボバカラ	R+
161203	金鯱賞	ヤマカツエース	R+
161203	ステイヤーズ	アルバート	R+

R+ 馬は休み明け4〜5戦目が絶好機

　そのクラス条件で勝ち馬となる基準値を超えているR+馬は馬券構成には非常に役立ちますが、レベルが高い馬が揃ったレースで全ての馬がR+というケースもあるために、仮にその場合に1番人気が勝利してしまえばR+全体の回収率は当然下がってしまいます。

　そこで比較的簡単に絞り込める方法でなおかつ馬券収支を上げるために有効な方法をご紹介したいと思います。レイティングの癖はそのままミリオンダラー馬券術の癖にもなりますが、基本的にレイティングは近7走ぐらいの情報から近いレースに向かって重視して作られている指数であると考えていますが、それと同時に休み明けでは数値が下がる傾向があり、また更にレイティングが高い馬だと1・2戦大きく負けてもあまり指数が下がらないというような傾向も見られます。

　そこで表題となっている休み明け4〜5戦目というものを考えると、まずこの時点で当然休み明け初戦ではなく、競馬全体として回収率が低い休み明け2戦目の馬でもないということになります。

　3戦目に関してはそこでどの程度の競馬ができたか？が重要ですので様子を見守るとして、その結果として4〜5戦目にR+判定されているか？と考えます。

　4〜5戦目となるとレイティングが下がりやすい休み明けを経て、成績が落ちがちな休み明け2戦目を経てもR+判定なのですから実績やレース内容、対戦相手などバランスよく良い競馬をしてきた馬の割合が多くなります。

　5戦目以降となると競走馬は疲弊もします。休み無く使われ続ける馬は調子が良いからという理由以外に、馬主さんや調教師さんの経営上の理由もあり、成績は基本的に減少傾向にあるということなどを含めて考えると、R+で休み明け4〜5戦目の馬が狙い目になるという理由として成立しているのではないでしょうか。

※休み明けの定義は前走から12週以上のレースとする

■ 休み明け4,5戦目でR＋判定された馬の人気別成績表

人気	着別度数	勝率	連対率	複勝率	単勝回収値	複勝回収値
1番人気	355- 230- 154- 341/1080	32.9%	54.2%	68.4%	80	90
2番人気	207- 180- 153- 478/1018	20.3%	38.0%	53.0%	86	85
3番人気	126- 141- 137- 503/ 907	13.9%	29.4%	44.5%	80	84
4番人気	94- 97- 108- 485/ 784	12.0%	24.4%	38.1%	95	89
5番人気	68- 74- 71- 481/ 694	9.8%	20.5%	30.7%	100	82
6番人気	43- 56- 55- 412/ 566	7.6%	17.5%	27.2%	105	90
7番人気	21- 31- 32- 373/ 457	4.6%	11.4%	18.4%	88	75
8番人気	18- 20- 16- 311/ 365	4.9%	10.4%	14.8%	104	73
9番人気	11- 15- 20- 249/ 295	3.7%	8.8%	15.6%	86	84
10番人気	7- 6- 10- 192/ 215	3.3%	6.0%	10.7%	102	75
11番人気	3- 3- 9- 144/ 159	1.9%	3.8%	9.4%	71	89
12番人気	4- 4- 3- 106/ 117	3.4%	6.8%	9.4%	130	115
13番人気	0- 1- 3- 65/ 69	0.0%	1.4%	5.8%	0	58
14番人気	0- 0- 2- 49/ 51	0.0%	0.0%	3.9%	0	58
15番人気	0- 0- 1- 23/ 24	0.0%	0.0%	4.2%	0	95
16番人気	0- 0- 0- 11/ 11	0.0%	0.0%	0.0%	0	0
17番人気	0- 0- 0- 4/ 4	0.0%	0.0%	0.0%	0	0

　これに該当している馬の成績をまず人気別とオッズ別で表に掲載していますが、全体的に単も複も回収率が高い傾向にありますが、オッズ別で見ると中穴どころから50倍の手前までの回収率が高いということがわかります。(P49参照)

[第3章] 自信の本命を打つための活用方法

■ 休み明け4,5戦目でR+判定された馬の単勝オッズ別成績表

単勝オッズ	着別度数	勝率	連対率	複勝率	単勝回収値	複勝回収値
1.0～1.4	13- 4- 3- 3/ 23	56.5%	73.9%	87.0%	73	93
1.5～1.9	92- 47- 20- 32/ 191	48.2%	72.8%	83.2%	81	92
2.0～2.9	181-124- 71-166/ 542	33.4%	56.3%	69.4%	81	88
3.0～3.9	150-113-114-228/ 605	24.8%	43.5%	62.3%	84	92
4.0～4.9	112-115-102-323/ 652	17.2%	34.8%	50.5%	76	83
5.0～6.9	146-161-131-546/ 984	14.8%	31.2%	44.5%	85	85
7.0～9.9	119- 99-126-609/ 953	12.5%	22.9%	36.1%	103	86
10.0～14.9	63- 91- 81-637/ 872	7.2%	17.7%	26.9%	83	80
15.0～19.9	40- 54- 47-425/ 566	7.1%	16.6%	24.9%	121	94
20.0～29.9	27- 29- 45-500/ 601	4.5%	9.3%	16.8%	107	83
30.0～49.9	12- 16- 21-412/ 461	2.6%	6.1%	10.6%	94	78
50.0～99.9	2- 4- 10-247/ 263	0.8%	2.3%	6.1%	38	68
100.0～	0- 1- 3- 99/ 103	0.0%	1.0%	3.9%	0	69

　これだけでも効果的ではありますが、該当馬の前走Rレベルを見ると<u>高★～高ーの成績が良い傾向</u>がありますので、簡単に言えば<u>前走のRレベルが高い馬</u>をチョイスする方が効率的であるということになりますね。

■ 休み明け4,5戦目でR+判定された馬の前走Rレベル別成績表

前走Rレベル	着別度数	勝率	連対率	複勝率	単勝回収値	複勝回収値
高★	230-225-194-1155/1804	12.7%	25.2%	36.0%	91	87
高+	360-336-299-1595/2590	13.9%	26.9%	38.4%	85	84
高ー	216-186-165- 848/1415	15.3%	28.4%	40.1%	97	87
普通	100- 71- 68- 422/ 661	15.1%	25.9%	36.2%	80	75
低+	37- 28- 29- 132/ 226	16.4%	28.8%	41.6%	69	77
低ー	9- 10- 12- 21/ 52	17.3%	36.5%	59.6%	87	115
低★	1- 0- 0- 0/ 1	100.0%	100.0%	100.0%	870	310

　これで回収率は更に上がりますので、ここから狙っても良いという気もしますが更に絞り込むとなると<u>前走1～3番人気を消す</u>方がいいのではないかと思います。というのは前走人気で今走R+判定の馬となると前走で好走していることが多いので今走狙っても意外性がなく人気しがちな馬に多く該当してしまうわけですから回収率だけを求めるのであれば消して効率化するというのも手です。(P50参照)

■ 休み明け4,5戦目でR＋判定された馬の前走人気別成績表

前走人気	着別度数	勝率	連対率	複勝率	単勝回収値	複勝回収値
前走1人気	172- 166- 95- 343/ 776	22.2%	43.6%	55.8%	73	85
前走2人気	142- 118- 113- 363/ 736	19.3%	35.3%	50.7%	83	88
前走3人気	97- 84- 84- 377/ 642	15.1%	28.2%	41.3%	71	83
前走4人気	85- 81- 67- 389/ 622	13.7%	26.7%	37.5%	94	80
前走5人気	85- 71- 67- 362/ 585	14.5%	26.7%	38.1%	101	85
前走6〜9人気	164- 176- 172-1115/1627	10.1%	20.9%	31.5%	92	87
前走10人気〜	61- 50- 60- 639/ 810	7.5%	13.7%	21.1%	111	89

　ここまで絞り込むと人気別、オッズ別の成績は更に上昇することになりますし、月間的にも該当馬が70頭から多くて130頭ぐらいになりますので「買えるレースが少なくて寂しい」と思ってしまうタイプの競馬ファンの人も満足できるのではないでしょうか。

　ただ、徹底的に絞り込んで勝負していきたいという人も増えてきているという印象も私のブログやメールマガジンの読者様の声を聞いていると感じます。もちろん「どうせ馬券を朝から買うなら全部買いたい！」という人の方が多いのですが、100円の馬券を100レース買うなら100レースに1回1万円を買う方が（自信がある馬やロジックを持っているなら）見返りが大きいことは当然ですので、絞り込み勝負スタイルに脱皮していく人も増えてきています。そこでこのロジックをもう少しだけ絞り込む方法も掲載しておきます。休み明け4〜5戦目まで使われている馬が対象になっているわけですが、やはり高齢の馬になると使われて良くなっていく馬は減っていく傾向にあります。先程までの条件に該当をした馬の中でも3・4・5歳の成績は良く6歳以上は成績が落ちる傾向にあるのです。（P52参照）

[第3章] 自信の本命を打つための活用方法

■ 休み明け4,5戦目でR＋判定された馬の今走人気別成績表

人気	着別度数	勝率	連対率	複勝率	単勝回収値	複勝回収値
1番人気	80- 50- 26- 79/ 235	34.0%	55.3%	66.4%	99	94
2番人気	67- 66- 58- 184/ 375	17.9%	35.5%	50.9%	78	84
3番人気	62- 61- 63- 237/ 423	14.7%	29.1%	44.0%	92	88
4番人気	57- 58- 65- 277/ 457	12.5%	25.2%	39.4%	100	93
5番人気	43- 50- 40- 281/ 414	10.4%	22.5%	32.1%	108	85
6番人気	30- 33- 38- 273/ 374	8.0%	16.8%	27.0%	108	85
7番人気	18- 25- 25- 278/ 346	5.2%	12.4%	19.7%	101	82
8番人気	17- 13- 11- 238/ 279	6.1%	10.8%	14.7%	129	73
9番人気	8- 11- 15- 185/ 219	3.7%	8.7%	15.5%	83	82
10番人気	7- 5- 9- 150/ 171	4.1%	7.0%	12.3%	129	86
11番人気	3- 3- 9- 121/ 136	2.2%	4.4%	11.0%	84	104
12番人気	3- 3- 2- 79/ 87	3.4%	6.9%	9.2%	151	103
13番人気	0- 1- 2- 55/ 58	0.0%	1.7%	5.2%	0	54
14番人気	0- 0- 2- 42/ 44	0.0%	0.0%	4.5%	0	67
15番人気	0- 0- 1- 21/ 22	0.0%	0.0%	4.5%	0	104
16番人気	0- 0- 0- 11/ 11	0.0%	0.0%	0.0%	0	0
17番人気	0- 0- 0- 4/ 4	0.0%	0.0%	0.0%	0	0

■ 休み明け4,5戦目でR＋判定された馬の単勝オッズ別成績表

単勝オッズ	着別度数	勝率	連対率	複勝率	単勝回収値	複勝回収値
1.0～1.4	0- 1- 0- 1/ 2	0.0%	50.0%	50.0%	0	55
1.5～1.9	9- 5- 0- 2/ 16	56.3%	87.5%	87.5%	96	98
2.0～2.9	34- 27- 12- 31/ 104	32.7%	58.7%	70.2%	81	92
3.0～3.9	59- 34- 25- 58/ 176	33.5%	52.8%	67.0%	115	104
4.0～4.9	34- 36- 44- 129/ 243	14.0%	28.8%	46.9%	61	77
5.0～6.9	69- 81- 62- 258/ 470	14.7%	31.9%	45.1%	85	87
7.0～9.9	80- 63- 73- 347/ 563	14.2%	25.4%	38.4%	117	91
10.0～14.9	45- 54- 55- 393/ 547	8.2%	18.1%	28.2%	96	83
15.0～19.9	31- 38- 31- 306/ 406	7.6%	17.0%	24.6%	131	92
20.0～29.9	21- 22- 37- 372/ 452	4.6%	9.5%	17.7%	113	86
30.0～49.9	11- 14- 16- 331/ 372	3.0%	6.7%	11.0%	107	82
50.0～99.9	2- 3- 8- 202/ 215	0.9%	2.3%	6.0%	47	61
100.0～	0- 1- 3- 85/ 89	0.0%	1.1%	4.5%	0	80

■ 休み明け4,5戦目でR＋判定された馬の年齢別成績表

年齢	着別度数	勝率	連対率	複勝率	単勝回収値	複勝回収値
2歳	2- 2- 1- 6/ 11	18.2%	36.4%	45.5%	112	96
3歳	115- 121- 102- 627/ 965	11.9%	24.5%	35.0%	86	87
4歳	126- 100- 106- 653/ 985	12.8%	22.9%	33.7%	114	84
5歳	108- 97- 95- 588/ 888	12.2%	23.1%	33.8%	112	94
6歳	23- 33- 39- 368/ 463	5.0%	12.1%	20.5%	58	67
7歳	17- 18- 18- 185/ 238	7.1%	14.7%	22.3%	124	98
8歳	3- 8- 5- 68/ 84	3.6%	13.1%	19.0%	49	86

　年齢別に見ると7歳馬は成績が良く見えますが、人気薄が何頭か回収率を引き上げているだけで勝率の部分で言うと明らかに大きな差が生まれてしまっています。（2歳馬は該当馬がかなり少ないですので面倒なら省いてもいいでしょう）これであればとりあえず3・4・5歳が中心として6歳以上を軽視することが効果的であると思いますし、ここでは2歳と6歳以上は除くという選択をして絞り込んでいきたいと思います。次に該当した競走馬のレースキャリア数を参考にしてみます。

　デビュー戦時点をキャリア数0と考えると、このロジックに該当している馬は休み明け4～5戦目なのですから最もキャリア数が少ない馬の該当馬は4戦、次が5戦となることは当然です。ただ、このような馬というのは新馬戦でデビューして（未勝利戦デビューもありますが）すぐに12週以上休んだ馬が多く該当することになります。この手の馬はデビュー戦で何か大きな問題があったのか、準備が整う前に出走したのか、疲労が大きかったのかわかりませんが何かしらポジティブではない状況があった可能性は低くありません。なので対象レースまでに4・5戦しかしていない馬は成績も悪いですので消してしまうと効率的です。

　もう1つは逆のケースとして、キャリア数が多すぎる馬を消すという見方です。年齢が高いと伸びしろも失われるように、やはり多く走っている馬は経験があるとしても成長できる部分を残していないことが多いです。今回のケースでは対象レースまでに21戦以上の経験がある馬は消してしまうと効果的です。ここまで絞ると月間70頭平均まで頭数が落ち着きますし、回収率が飛躍的に伸びるので非常にオススメな狙い目となります。

[第3章] 自信の本命を打つための活用方法

■ 休み明け4,5戦目でR＋判定された馬の前走Rレベル高一以上

人気	着別度数	勝率	連対率	複勝率	単勝回収値	複勝回収値
1番人気	59- 37- 15- 60/ 171	34.5%	56.1%	64.9%	98	91
2番人気	49- 48- 43- 120/ 260	18.8%	37.3%	53.8%	83	88
3番人気	45- 39- 40- 159/ 283	15.9%	29.7%	43.8%	100	88
4番人気	39- 37- 42- 172/ 290	13.4%	26.2%	40.7%	109	97
5番人気	31- 29- 22- 165/ 247	12.6%	24.3%	33.2%	129	89
6番人気	17- 14- 21- 153/ 205	8.3%	15.1%	25.4%	114	79
7番人気	10- 14- 20- 144/ 188	5.3%	12.8%	23.4%	111	95
8番人気	13- 6- 3- 118/ 140	9.3%	13.6%	15.7%	195	82
9番人気	4- 4- 5- 83/ 96	4.2%	8.3%	13.5%	84	70
10番人気	3- 0- 3- 56/ 62	4.8%	4.8%	9.7%	142	67
11番人気	0- 2- 4- 39/ 45	0.0%	4.4%	13.3%	0	131
12番人気	2- 1- 0- 24/ 27	7.4%	11.1%	11.1%	352	145
13番人気	0- 0- 0- 13/ 13	0.0%	0.0%	0.0%	0	0
14番人気	0- 0- 2- 9/ 11	0.0%	0.0%	18.2%	0	270
15番人気	0- 0- 0- 2/ 2	0.0%	0.0%	0.0%	0	0

■ 前走1～3番人気を除いた3・4・5歳馬

単勝オッズ	着別度数	勝率	連対率	複勝率	単勝回収値	複勝回収値
1.0～1.4	0- 1- 0- 0/ 1	0.0%	100.0%	100.0%	0	110
1.5～1.9	8- 3- 0- 1/ 12	66.7%	91.7%	91.7%	115	102
2.0～2.9	27- 22- 9- 23/ 81	33.3%	60.5%	71.6%	83	94
3.0～3.9	40- 26- 16- 44/ 126	31.7%	52.4%	65.1%	108	100
4.0～4.9	25- 27- 33- 93/ 178	14.0%	29.2%	47.8%	62	79
5.0～6.9	45- 55- 38- 173/ 311	14.5%	32.2%	44.4%	83	85
7.0～9.9	62- 35- 45- 209/ 351	17.7%	27.6%	40.5%	144	97
10.0～14.9	28- 30- 32- 226/ 316	8.9%	18.4%	28.5%	104	86
15.0～19.9	19- 17- 18- 170/ 224	8.5%	16.1%	24.1%	148	89
20.0～29.9	11- 10- 19- 182/ 222	5.0%	9.5%	18.0%	120	87
30.0～49.9	6- 3- 6- 128/ 143	4.2%	6.3%	10.5%	148	76
50.0～99.9	1- 1- 2- 57/ 61	1.6%	3.3%	6.6%	81	70
100.0～	0- 1- 2- 11/ 14	0.0%	7.1%	21.4%	0	350

2018年4月21日　　　　　　　　　　福島9R

1着馬　ジャコマル

枠番	馬番	馬名	人気	単勝オッズ	予想人気	予想オッズ
7	14	グレンマクナス	1	2.6	1	4.5
6	12	ゼニステレスコープ	2	6.6	2	4.9
6	4	ショウドゥロワ	4	8.3	3	5.6
1	1	モレッキ	3	6.7	4	7.7

着順	枠番	馬番	馬名	人気	単勝オッズ	予想人気	予想オッズ
1	4	8	ジャコマル	5	11.7	9	23.9
2	1	2	スーパーブレイク	7	15.1	5	7.8
3	1	1	モレッキ	3	6.7	4	7.7
4	8	15	ガウディウム	6	13.2	6	9.4
5	7	14	グレンマクナス	1	2.6	1	4.5
6	7	13	コスモリョウゲツ	11	25.4	7	11.1
7	6	11	ミュゼリバイアサン	15	208.7	13	30.2
8	5	10	パラノーマル	8	15.6	8	12.3
9	5	9	ミヤビエメライン	12	106.1	15	50.0
10	6	12	ゼニステレスコープ	2	6.6	2	4.9
11	4	7	モハー	10	21.0	14	38.7
12	3	5	ダノングランツ	13	136.4	12	27.6
13	2	4	ショウドゥロワ	4	8.3	3	5.6
14	3	6	エール	9	19.0	10	25.9
15	2	3	ワイルドグラス	14	207.5	11	26.9
16	8	16	オンワードミシガン	16	294.5	16	50.0

単 勝	8 ¥1170
複 勝	8 ¥440 / 2 ¥390 / 1 ¥330
枠 連	1-4 ¥2350 (9)
馬 連	02-08 ¥7560 (29)
ワイド	02-08 ¥2180 (29) / 01-08 ¥1810 (21) / 01-02 ¥1560 (20)
馬 単	08-02 ¥15150 (59)
3 連 複	01-02-08 ¥19730 (74/560)
3 連 単	08-02-01 ¥144770 (514/3360)

[第3章] 自信の本命を打つための活用方法

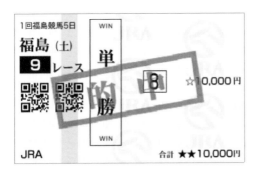

　久々の勝利となったジャコマルですが休み明けから惨敗が続いたものの、前走高＋のレースで6着と健闘をして良化の気配を見せていましたが、ここでは先行策が決まりなんとかクビ差でしのいでの勝利となりました。単勝5番人気11.7倍の配当、馬単は万馬券、3連単は14万馬券となりました。期待値が高い馬さえわかっていれば他の馬券種も当然狙えます。

2018年7月22日　福島10R

1着馬　サクラエンパイア

枠番	馬番	馬名	人気	単勝オッズ	予想人気	予想オッズ
1	1	ダイワインパルス	1	4.6	1	3.7
7	13	ディアコンチェルト	5	8.5	2	5.6
6	10	リスペクトアース	3	5.8	3	6.1
4	6	イェドプリオル	8	15.0	4	8.4

着順	枠番	馬番	馬名	人気	単勝オッズ	予想人気	予想オッズ
1	8	14	サクラエンパイア	4	7.0	5	9.6
2	7	13	ディアコンチェルト	5	8.5	2	5.6
3	1	1	ダイワインパルス	1	4.6	1	3.7
4	2	3	アンプラグド	11	37.5	10	15.7
5	7	12	ウォーターイーグル	12	43.0	12	25.7
6	5	8	フロリアヌス	7	11.8	11	20.1
7	3	5	リリカルホワイト	13	52.2	14	31.8
8	3	4	ダークネブラス	10	33.6	8	14.7
9	8	15	キングズアフェアー	9	24.7	7	12.3
10	5	9	マイネルアンファン	6	9.6	6	10.0
11	4	6	イェドプリオル	8	15.0	4	8.4
12	2	2	ポルトドレーヴ	14	55.1	13	28.6
13	6	10	リスペクトアース	3	5.8	3	6.1
14	4	7	ヴィーナスアロー	15	77.5	15	50.0
15	6	11	スペルマロン	2	5.4	9	15.5

単 勝	14 ¥700
複 勝	14 ¥220 / 13 ¥250 / 1 ¥180
枠 連	7-8 ¥1980 (8)
馬 連	13-14 ¥3000 (12)
ワイド	13-14 ¥1030 (10) / 01-14 ¥660 (3) / 01-13 ¥770 (4)
馬 単	14-13 ¥5560 (22)
3 連複	01-13-14 ¥4180 (6/455)
3 連単	14-13-01 ¥26230 (44/2730)

[第3章] 自信の本命を打つための活用方法

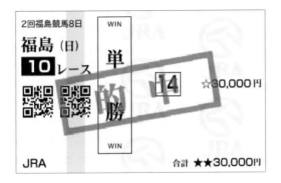

　1600万クラスまで行ったことのあるサクラエンパイアですが、そこでは二桁着順の連続でした。休み明けは1000万で凡走しましたが、そこから高＋で6着・4着とまずまずの結果を残しての休み明け4戦目で、1年以上ぶりの先行策を取り、2着に0.2秒差をつける危なげない勝利となりました。単勝は7.0倍と人気寄りではありましたが、単勝を厚めに勝負して良い払い戻しを得ることができました。投資金額というのは自分で決めることがギャンブルをする責任だと思いますが、それゆえに投資の上げ下げとは重要なものだと思います。

2017年1月8日　京都12R

1着馬　ストンライティング

枠番	馬番	馬名	人気	単勝オッズ	予想人気	予想オッズ
7	8	パフォーマプロミス	4	4.5	1	3.1
3	3	ストレンジクォーク	1	3.4	2	3.3
6	7	ソールインパクト	2	4.1	3	3.4
8	10	ショパン	3	4.2	4	5.4

着順	枠番	馬番	馬名	人気	単勝オッズ	予想人気	予想オッズ
1	5	5	ストンライティング	5	11.7	5	11.9
2	8	10	ショパン	3	4.2	4	5.4
3	8	11	ベストセラーアスク	11	91.1	11	50.0
4	6	7	ソールインパクト	2	4.1	3	3.4
5	4	4	スリーヴェローチェ	9	59.8	10	49.8
6	7	8	パフォーマプロミス	4	4.5	1	3.1
7	2	2	ビオラフォーエバー	7	20.5	6	17.8
8	3	3	ストレンジクォーク	1	3.4	2	3.3
9	1	1	ヒルノドンカルロ	6	14.8	7	22.0
10	6	6	ショウナンハルカス	8	57.2	8	36.2
11	7	9	スパーキングジョイ	10	70.0	9	43.9

単　勝	5 ¥1170
複　勝	5 ¥360 / 10 ¥200 / 11 ¥1250
枠　連	5-8 ¥2580 (9)
馬　連	05-10 ¥2320 (8)
ワイド	05-10 ¥760 (8)/ 05-11 ¥9520 (48)/ 10-11 ¥4500 (31)
馬　単	05-10 ¥5680 (23)
3 連複	05-10-11 ¥55820 (89/165)
3 連単	05-10-11 ¥281250 (419/990)

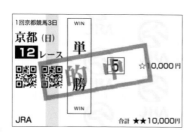

1番人気のストレンジクォークは前走低＋のレースを1.6倍で2着と勝ちきれず、またそのレースを走った馬が次走軒並み凡走をしている中で、休み明けでこの高＋レースでも1番人気という状況でした。勝ち馬ストンライティングは休み明け10着スタートでしたが、徐々に調子を上げて昇級戦となった今走は中穴評価で、上がり1位で差し切り見事な勝利を手にしました。

騎手の特徴を丸裸にしてしまおう

騎手の成績というのは勝利数で評価されることが多く、リーディング1位が最も評価の高い騎手となるのが競馬のルールです。しかし、若い騎手や中堅騎手で馬に恵まれない場合は勝ち目の無い馬ばかり騎乗しているのですから本当の実力はわからないものであると私は思います。

そして、特にこの数年はルメール騎手、デムーロ騎手という黒船が来襲している上に日本人で良い馬が回るのは圧倒的に戸崎騎手という状況になってしまい、期間限定で参戦するモレイラ騎手が2018年に217回騎乗しただけで76勝もしてしまうという現実からは目をそらせません。

また名前の知られている10年前なら競馬界の主役的だったベテラン騎手達が藤田菜七子騎手よりも勝利数が少ないというような大きな時代の変化が起こっています。少なくともこれから数年はこの状況が続くと考えられますし、人馬の比重が馬7：騎手3と言われる中で馬券の比重も騎手をある程度取らないといけない状況になっていることは2018年のG1の多くを外人騎手が席巻したことからも、時代に従うしかないのでしょう。

そこでミリオンダラー馬券術でも騎手とコラボレーションしていかないといけません。ただコラボレーションと言っても物は言いようで本当に利用したいのは「騎手の真実」です。そこでここからは「買うべき騎手はいつ、誰なのか？」ということを書いていきたいと思います。

R+馬に該当をしている時の成績

勝ち馬基準値であるR+馬に騎乗している条件での成績について書きたいと思います。勝てる資格のある馬を勝たせているかどうか？というのは騎手を知る上で重要なことであると考えているからです。

● ルメール

　もはや押しも押されもせぬ中央競馬の頂点となったルメールですが、R＋に騎乗した場合の芝レースの成績を見ると全体的に回収率が高くしっかり勝たせているという結果になっています。今走Rレベルが低いレースなら圧巻の勝率で、Rレベルが高いレースであっても十分な成績を見せつけています。

■ ルメール騎手がR＋馬に騎乗した場合の今走Rレベルでの成績（芝）

今走Rレベル	着別度数	勝率	連対率	複勝率	単勝回収値	複勝回収値
高★	63- 44- 32-105/244	25.8%	43.9%	57.0%	102	90
高＋	91- 53- 37-127/308	29.5%	46.8%	58.8%	85	80
高－	44- 27- 20- 56/147	29.9%	48.3%	61.9%	86	87
普通	30- 16- 13- 28/ 87	34.5%	52.9%	67.8%	95	89
低＋	19- 9- 7- 7/ 42	45.2%	66.7%	83.3%	117	111
低－	11- 3- 3- 5/ 22	50.0%	63.6%	77.3%	105	89
低★	1- 1- 0- 0/ 2	50.0%	100.0%	100.0%	60	100

　しかしダートとなると様相は一変します。今走Rレベル高★だと勝率と回収率がかなり悪くなりますし、Rレベル別に成績を見るとメンバーが揃ったタフなレースのダート戦はあまり得意ではないという結果になっています。ルメールは無条件で買うという人もいるぐらい信頼されている騎手ですが、この条件ならルメールを消して好配当を狙うなどが向いているようです。

■ ルメール騎手がR＋馬に騎乗した場合の今走Rレベルでの成績（ダート）

今走Rレベル	着別度数	勝率	連対率	複勝率	単勝回収値	複勝回収値
高★	26- 25- 19- 74/144	18.1%	35.4%	48.6%	69	84
高＋	59- 35- 43- 99/236	25.0%	39.8%	58.1%	79	91
高－	38- 20- 14- 73/145	26.2%	40.0%	49.7%	75	69
普通	26- 13- 9- 35/ 83	31.3%	47.0%	57.8%	70	78
低＋	9- 1- 3- 8/ 21	42.9%	47.6%	61.9%	102	77
低－	1- 2- 0- 3/ 6	16.7%	50.0%	50.0%	33	61

　最後に重賞とRレベルというくくりで確認をすると、大舞台に出ることが多いので高★が多いですが、それだけメンバーが揃った重賞でも圧巻の回収率を出しています。またレベルが低いと勝率が高いということも特徴ですね。

■ ルメール騎手がR+馬に騎乗した場合の今走Rレベルでの成績（重賞）

今走Rレベル	着別度数	勝率	連対率	複勝率	単勝回収値	複勝回収値
高★	19-16- 9-39/83	22.9%	42.2%	53.0%	154	96
高+	2- 6- 2- 9/19	10.5%	42.1%	52.6%	55	76
高-	5- 0- 1- 3/ 9	55.6%	55.6%	66.7%	145	101
普通	3- 0- 1- 5/ 9	33.3%	33.3%	44.4%	61	54
低+	3- 1- 2- 1/ 7	42.9%	57.1%	85.7%	91	102
低-	1- 0- 0- 1/ 2	50.0%	50.0%	50.0%	115	60
低★	1- 0- 0- 0/ 1	100.0%	100.0%	100.0%	120	100

● Mデムーロ

　ルメールと比べて回収率が低く、もしかするとあまり信頼できないのでは？という声も増えてきているデムーロですが、それでも年間の勝利数を考えれば手の内に入れておきたい騎手であるといえます。まず芝レースに関してはやはりレベルが低いレースほど勝率が高い傾向にありますが、高★のレースで回収率が比較的高めになっているというのは、相手が強いレースほど本領を発揮しているという可能性があります。

■ Mデムーロ騎手がR+馬に騎乗した場合の今走Rレベルでの成績（芝）

今走Rレベル	着別度数	勝率	連対率	複勝率	単勝回収値	複勝回収値
高★	45- 37- 28-120/230	19.6%	35.7%	47.8%	82	82
高+	50- 57- 33-104/244	20.5%	43.9%	57.4%	56	83
高-	52- 27- 21- 83/183	28.4%	43.2%	54.6%	80	80
普通	15- 11- 9- 29/ 64	23.4%	40.6%	54.7%	66	75
低+	12- 6- 2- 13/ 33	36.4%	54.5%	60.6%	107	85
低-	2- 4- 3- 5/ 14	14.3%	42.9%	64.3%	23	73
低★	1- 0- 0- 0/ 1	100.0%	100.0%	100.0%	190	120

　その性質を決定づけるのがダートでの成績です。今走のRレベル高★の勝率がとても高く回収率も100%近いことに反して、ソレ以外のレベルでは低を除くと勝率も回収率もかなり下がってしまっています。
　また高★では1着数31回に対して2着が10回と極端に2着が少ないことに対して、高+や高-では2着数も多く取りこぼしている印象です。ということは相手が揃っている時とそうでない時の本気度の差が結果に出ているという可能性も0ではありませんね。

■ Mデムーロ騎手がR+馬に騎乗した場合の今走Rレベルでの成績 (ダート)

今走Rレベル	着別度数	勝率	連対率	複勝率	単勝回収値	複勝回収値
高★	31- 10- 15- 77/133	23.3%	30.8%	42.1%	99	70
高+	41- 30- 31-101/203	20.2%	35.0%	50.2%	72	82
高-	27- 26- 21- 64/138	19.6%	38.4%	53.6%	65	78
普通	10- 11- 6- 19/ 46	21.7%	45.7%	58.7%	56	78
低+	10- 4- 3- 7/ 24	41.7%	58.3%	70.8%	102	87
低-	5- 0- 1- 1/ 7	71.4%	71.4%	85.7%	135	95
低★	0- 0- 0- 1/ 1	0.0%	0.0%	0.0%	0	0

　そしてそれは重賞だけに限定をしてもあながち間違っていないようで、高★の回収率が高くなっています。1つ違うのは重賞だと勝利数に対して近いぐらいの2・3着数もありますのでやはり重賞だと本領発揮というタイプなのでしょう。午前中に「え？なんでそんな位置なの？」というような騎乗をすることも目にすることはありますからね。

■ Mデムーロ騎手がR+馬に騎乗した場合の今走Rレベルでの成績 (重賞)

今走Rレベル	着別度数	勝率	連対率	複勝率	単勝回収値	複勝回収値
高★	17-12-12-41/82	20.7%	35.4%	50.0%	124	102
高+	5- 2- 1- 7/15	33.3%	46.7%	53.3%	100	82
高-	2- 2- 0- 5/ 9	22.2%	44.4%	44.4%	57	53
普通	0- 0- 1- 1/ 2	0.0%	0.0%	50.0%	0	75
低+	2- 0- 0- 1/ 3	66.7%	66.7%	66.7%	213	80
低-	0- 1- 0- 0/ 1	0.0%	100.0%	100.0%	0	110

● 戸崎圭太

　日本人騎手の中では勝利数トップという状況は、中央競馬生え抜きの騎手からすると悔しいはずですが、それを掴み取った戸崎圭太という存在は素晴らしいと思います。人気馬に騎乗して沢山勝利するが、しかし回収率の低さが目立つという点では競馬ファンからすると扱いに困る騎手でもあるのではないでしょうか。

　まず芝の成績を確認すると高★では回収率がほどほどにありますが、低くなるにつれて勝率が大きく上昇するわけでもなくなおかつ人気馬に騎乗することが多いわけですから回収率が劇的に低くなっています。複勝回収率は全

[第3章] 自信の本命を打つための活用方法

体的に安定をしているのですが相手が弱い時に取りこぼすことが多いので注意が必要です。

■ 戸崎圭太騎手がR+馬に騎乗した場合の今走Rレベルでの成績（芝）

今走Rレベル	着別度数	勝率	連対率	複勝率	単勝回収値	複勝回収値
高★	44- 38- 24-114/220	20.0%	37.3%	48.2%	86	88
高+	62- 49- 28-125/264	23.5%	42.0%	52.7%	72	82
高−	24- 42- 21- 73/160	15.0%	41.3%	54.4%	47	86
普通	21- 19- 7- 46/ 93	22.6%	43.0%	50.5%	66	73
低+	10- 7- 4- 16/ 37	27.0%	45.9%	56.8%	67	83
低−	9- 4- 1- 3/ 17	52.9%	76.5%	82.4%	148	99
低★	2- 1- 1- 0/ 4	50.0%	75.0%	100.0%	140	122

　元々ダートが主戦場だった地方競馬出身の戸崎圭太ですので相手が揃ったダートレースでも大活躍をしていてほしいところですが、高★のレースで勝率が低く回収率も低いという傾向にあります。また全体的に勝率は目立つのですが回収率が低いということはそれだけ人気馬で負けているということになります。
　またこちらも全体的に見るとレベルの低いレースでの取りこぼしが多いということになりますね。

■ 戸崎圭太騎手がR+馬に騎乗した場合の今走Rレベルでの成績（ダート）

今走Rレベル	着別度数	勝率	連対率	複勝率	単勝回収値	複勝回収値
高★	29- 23- 21- 76/149	19.5%	34.9%	49.0%	74	88
高+	60- 32- 38-151/281	21.4%	32.7%	46.3%	95	80
高−	41- 22- 23- 91/177	23.2%	35.6%	48.6%	70	73
普通	20- 18- 16- 46/100	20.0%	38.0%	54.0%	54	78
低+	17- 11- 1- 20/ 49	34.7%	57.1%	59.2%	111	77
低−	2- 1- 0- 1/ 4	50.0%	75.0%	75.0%	70	77
低★	1- 0- 0- 0/ 1	100.0%	100.0%	100.0%	130	100

　重賞に関して見ると高★のレースでは10勝しているものの勝率は13.2%と低く回収率も55%しかありませんのでかなり厳しいと言えます。R+馬での集計ですし、この高★では平均人気が4番人気の馬に騎乗をしているわけですからもう少し勝利していてほしいところ。勝利したレースは1・2・3番人

気だけですのでそれ以外の戸崎圭太は重賞では消すことで的中時の配当を上げるべきなのではないでしょうか。

■ 戸崎圭太騎手がR＋馬に騎乗した場合の今走Rレベルでの成績（重賞）

今走Rレベル	着別度数	勝率	連対率	複勝率	単勝回収値	複勝回収値
高★	10-14- 4-48/76	13.2%	31.6%	36.8%	55	70
高＋	3- 1- 0-11/15	20.0%	26.7%	26.7%	154	71
高−	1- 0- 1- 4/ 6	16.7%	16.7%	33.3%	45	18
普通	0- 1- 1- 4/ 6	0.0%	16.7%	33.3%	0	61
低＋	1- 1- 1- 3/ 6	16.7%	33.3%	50.0%	28	103
低−	1- 0- 0- 1/ 2	50.0%	50.0%	50.0%	100	60

● 川田将雅

中央競馬の生え抜きのエースは川田将雅でしょう。高い水準で安定した勝利数とごく平均的な回収率というところでも非の打ち所が少ない騎手であるというイメージを持っています。ただそんな安定している川田将雅にもミリオンダラー馬券術を通すと特徴が見えてきます。芝レースを見ると高★では勝ち切れていないというか取りこぼしが多いというか2着数が1着数を上回っています。なので単勝回収率は低いですが複勝回収率は100%を超えており、2・3着付けで馬券を買いたくなりますね。

またレベルが下がると勝率はやや上がってはいるのですが回収率との比較をすると勝てる馬で勝ち切れていないという印象を受けます。

■ 川田将雅騎手がR＋馬に騎乗した場合の今走Rレベルでの成績（芝）

今走Rレベル	着別度数	勝率	連対率	複勝率	単勝回収値	複勝回収値
高★	28- 32- 25- 96/181	15.5%	33.1%	47.0%	77	106
高＋	55- 31- 40-110/236	23.3%	36.4%	53.4%	94	88
高−	24- 30- 15- 57/126	19.0%	42.9%	54.8%	66	87
普通	19- 13- 9- 29/ 70	27.1%	45.7%	58.6%	66	90
低＋	4- 7- 4- 11/ 26	15.4%	42.3%	57.7%	36	76
低−	2- 0- 0- 4/ 6	33.3%	33.3%	33.3%	56	35

ダートに関してはレベルが下がると勝率が上がるという基本的なパターンではありますが回収率が低くこれもまた人気に対して勝ち切れていない印象

です。逆に高いレベルでは回収率が76%ですからごく平均的な結果を出していると言えますし、最低限の結果を出すことができているというような成績ですね。

■ 川田将雅騎手がR+馬に騎乗した場合の今走Rレベルでの成績（ダート）

今走Rレベル	着別度数	勝率	連対率	複勝率	単勝回収値	複勝回収値
高★	22- 22- 12- 70/126	17.5%	34.9%	44.4%	76	84
高+	26- 23- 16- 97/162	16.0%	30.2%	40.1%	76	77
高-	22- 21- 13- 55/111	19.8%	38.7%	50.5%	68	77
普通	14- 9- 10- 28/ 61	23.0%	37.7%	54.1%	56	79
低+	6- 6- 1- 10/ 23	26.1%	52.2%	56.5%	56	78
低-	2- 0- 2- 2/ 6	33.3%	33.3%	66.7%	51	80

しかし、こと重賞に関して言えば日本人騎手の意地を見せてくれているといいますか、騎手個人としての燃えるものがあるのかわかりませんが高★でかなりの強さを見せています。先程書いた戸崎圭太とほぼ同じ騎乗馬の平均人気ですが勝率が全く違いますし回収率も単複でプラスと信頼に値する結果を残しています。

■ 川田将雅騎手がR+馬に騎乗した場合の今走Rレベルでの成績（重賞）

今走Rレベル	着別度数	勝率	連対率	複勝率	単勝回収値	複勝回収値
高★	13- 6- 7-34/60	21.7%	31.7%	43.3%	136	100
高+	4- 0- 3-13/20	20.0%	20.0%	35.0%	63	55
高-	0- 0- 2- 2/ 4	0.0%	0.0%	50.0%	0	105
普通	2- 1- 0- 2/ 5	40.0%	60.0%	60.0%	82	80
低+	0- 1- 1- 1/ 3	0.0%	33.3%	66.7%	0	106

● 福永祐一

　ついに日本ダービーを勝利した福永祐一。あのレースに長年のファンは感動したと思いますし、私も涙がこぼれました。個人的なイメージでは福永祐一という騎手は水準以上の結果を出しているのにネットの声などを見るとアンチの人も多くどういうわけか福永祐一は全然勝てないというようなことを言う人も多いです。この結果とイメージのギャップが生まれている理由も実は今回見えてきます。

まず、芝レースを見ると高＋では妙に偏って成績が悪いですが高★と高－では勝率も回収率も文句なしの成績ですし、相手が揃っているレースでこれだけの成績を出しているというのは評価されるべきことだと思います。ただレベルが下がると勝率が下がるという現象が起きていて、平均人気も2番人気以下ですから人気馬をかなり負けさせてしまっているという側面もあります。どちらの条件で多く馬券を買っているかで評価が世間で二分する原因なのかもしれません。

■ 福永祐一騎手がR＋馬に騎乗した場合の今走Rレベルでの成績（芝）

今走Rレベル	着別度数	勝率	連対率	複勝率	単勝回収値	複勝回収値
高★	36- 27- 24- 93/180	20.0%	35.0%	48.3%	109	95
高＋	36- 35- 34-113/218	16.5%	32.6%	48.2%	63	77
高－	34- 19- 7- 54/114	29.8%	46.5%	52.6%	110	86
普通	11- 12- 8- 22/ 53	20.8%	43.4%	58.5%	52	90
低＋	7- 8- 2- 18/ 35	20.0%	42.9%	48.6%	64	61
低－	1- 0- 0- 2/ 3	33.3%	33.3%	33.3%	60	36
低★	1- 0- 1- 0/ 2	50.0%	50.0%	100.0%	75	50

　ダートに関しては勝率はこれまで書いた騎手より低い感じですが、騎乗馬の人気が彼らより低いので仕方のないところでしょう。それでも高★や高＋での回収率は高いですし、普通以下では急激に勝率が高く相手が楽なレースで勝てる能力のある馬であれば安定して勝利しているというのが福永祐一のダートでの結果です。

■ 福永祐一騎手がR＋馬に騎乗した場合の今走Rレベルでの成績（ダート）

今走Rレベル	着別度数	勝率	連対率	複勝率	単勝回収値	複勝回収値
高★	15- 16- 11- 89/131	11.5%	23.7%	32.1%	83	74
高＋	26- 26- 17- 98/167	15.6%	31.1%	41.3%	96	82
高－	11- 10- 18- 63/102	10.8%	20.6%	38.2%	54	64
普通	17- 8- 3- 26/ 54	31.5%	46.3%	51.9%	104	73
低＋	7- 2- 3- 8/ 20	35.0%	45.0%	60.0%	108	100
低－	0- 1- 1- 1/ 3	0.0%	33.3%	66.7%	0	76
低★	1- 0- 0- 0/ 1	100.0%	100.0%	100.0%	280	140

ここまでは良かったのですが問題は重賞ですね。複勝率が高く単回収率が低いですが、人気を考えれば普通の成績ではあるのですがやはり重賞でそこそこの馬に騎乗していて回収率が低いとなると、重賞だけ馬券を買う層からは信頼されない騎手という印象になるのでしょう。これらの結果を見ると買うべきところだけしっかり買い、それ以外は消すという扱いが適していますしわかりやすい騎手ですね。

■ 福永祐一騎手がR＋馬に騎乗した場合の今走Rレベルでの成績（重賞）

今走Rレベル	着別度数	勝率	連対率	複勝率	単勝回収値	複勝回収値
高★	8-12- 6-39/65	12.3%	30.8%	40.0%	62	94
高＋	1- 3- 0- 8/12	8.3%	33.3%	33.3%	68	89
高－	1- 0- 0- 5/ 6	16.7%	16.7%	16.7%	23	18
普通	1- 0- 1- 3/ 5	20.0%	20.0%	40.0%	72	84
低＋	0- 0- 0- 2/ 2	0.0%	0.0%	0.0%	0	0

● 内田博幸

中央競馬に移籍した時は安藤勝己、岩田康誠に続いてとてつもない勢いでしたが、現在はやはり外人騎手の席巻した状況で成績を落としている印象です。ただ考えても見ると50歳を目前としているわけですからペースダウンは仕方のないところかもしれません。芝レースでは高★のレースで衝撃的に成績が落ちています。

レベルの高い馬が揃っているレースでは能力が足りている馬でも中々勝たせることができていないというような印象です。低＋以下になると途端に勝率が上がるというのがわかりやすいところですね。

■ 内田博幸騎手がR＋馬に騎乗した場合の今走Rレベルでの成績（芝）

今走Rレベル	着別度数	勝率	連対率	複勝率	単勝回収値	複勝回収値
高★	12- 17- 18-113/160	7.5%	18.1%	29.4%	45	80
高＋	26- 30- 21-121/198	13.1%	28.3%	38.9%	75	87
高－	15- 15- 8- 66/104	14.4%	28.8%	36.5%	65	65
普通	8- 8- 8- 42/ 66	12.1%	24.2%	36.4%	38	52
低＋	5- 3- 3- 9/ 20	25.0%	40.0%	55.0%	68	73
低－	3- 3- 2- 4/ 12	25.0%	50.0%	66.7%	67	100
低★	0- 0- 0- 1/ 1	0.0%	0.0%	0.0%	0	0

一方でダートとなると地方競馬の頂点に立っていた本領発揮と言える成績です。高★レベルで回収率が100%を超えていますし、勝率も平均人気が5番人気ですので十分なものだと言えます。ですが表を見ていただくと牝馬での成績が極端に悪くなってしまいます。比較的、力強く追うタイプの騎手なのでデリケートな牝馬の扱いは苦手ということなのでしょうか。狙うなら牡馬で高★のレース、レベルの高い馬が揃ったレースで真価を発揮する内田博幸という感じですね。

　最近の重賞に関しての内田博幸は脇役的立場が多いです。ただ表はトータル成績ですが、4勝の内の3勝はダートでのものですからやはりレベルの高い馬が揃ったレースの内田博幸は侮れません。この条件であれば今後も注目しておくべきかと思います。

■ 内田博幸騎手がR+馬に騎乗した場合の今走Rレベルでの成績（ダート）

今走Rレベル	着別度数	勝率	連対率	複勝率	単勝回収値	複勝回収値
高★	22- 16- 8-108/154	14.3%	24.7%	29.9%	104	65
高+	33- 36- 38-166/273	12.1%	25.3%	39.2%	73	83
高-	28- 22- 21- 86/157	17.8%	31.8%	45.2%	91	79
普通	13- 10- 7- 62/ 92	14.1%	25.0%	32.6%	105	56
低+	6- 5- 5- 18/ 34	17.6%	32.4%	47.1%	55	67
低-	2- 3- 1- 3/ 9	22.2%	55.6%	66.7%	37	97

今走Rレベル	着別度数	勝率	連対率	複勝率	単勝回収値	複勝回収値
高★	1- 1- 1-23/26	3.8%	7.7%	11.5%	11	18
高+	9- 9-13-45/76	11.8%	23.7%	40.8%	78	85
高-	7-10- 5-31/53	13.2%	32.1%	41.5%	78	72
普通	2- 2- 2-17/23	8.7%	17.4%	26.1%	24	38
低+	0- 1- 3- 3/ 7	0.0%	14.3%	57.1%	0	78
低-	0- 0- 0- 1/ 1	0.0%	0.0%	0.0%	0	0

※上の表は全体成績、下の表は牝馬のみ。

[第3章] 自信の本命を打つための活用方法

■ 内田博幸騎手がR＋馬に騎乗した場合の今走Rレベルでの成績（重賞）

今走Rレベル	着別度数	勝率	連対率	複勝率	単勝回収値	複勝回収値
高★	4- 2- 4-34/44	9.1%	13.6%	22.7%	84	76
高＋	0- 0- 1- 7/ 8	0.0%	0.0%	12.5%	0	42
高−	0- 1- 0- 1/ 2	0.0%	50.0%	50.0%	0	55
普通	0- 0- 0- 2/ 2	0.0%	0.0%	0.0%	0	0

● 岩田康誠

　一時期は後藤騎手の件や騎乗馬の質の低下で不調になっていた岩田康誠ですが、2018年好騎乗で競馬ファンをあっと言わせるようなことも増えてきており、岩田康誠まだまだ健在というところを見せてくれています。ですが、それでも全盛期とは程遠い成績であることも事実ですし、買い時とそうでない時の傾向を把握しておきたいです。

　まず芝ですが、全体的に見て成績が悪いというのが正当な評価でしょう。レベルが高くなるほど勝率が落ちますが、特に高★レースでは勝率が5.3%しかないのですからメンバーが揃った芝レースでは軽視するしかありません。単勝回収率34%ということからもわざわざここから馬券を買う必要性は感じませんね。

　しかしダートでは芝と比較すると成績が向上していますし、何より高★レースでの勝率と回収率は評価するべきレベルにあると思います。内田博幸と似た傾向ですがやはり二人共地方競馬のダートの頂点にいた名騎手ですから、このパターンには強いのかもしれません。これをものさしに考えると今後地方競馬から中央競馬に移籍してくる騎手も同じ傾向になるのかもしれませんね。

■ 岩田康誠騎手がR＋馬に騎乗した場合の今走Rレベルでの成績（芝）

今走Rレベル	着別度数	勝率	連対率	複勝率	単勝回収値	複勝回収値
高★	9- 24- 8-129/170	5.3%	19.4%	24.1%	34	60
高＋	22- 18- 34-100/174	12.6%	23.0%	42.5%	79	97
高−	12- 10- 17- 55/ 94	12.8%	23.4%	41.5%	62	81
普通	10- 6- 8- 25/ 49	20.4%	32.7%	49.0%	60	72
低＋	5- 3- 0- 8/ 16	31.3%	50.0%	50.0%	123	79
低−	0- 1- 1- 3/ 5	0.0%	20.0%	40.0%	0	54

■ 岩田康誠騎手がR+馬に騎乗した場合の今走Rレベルでの成績（ダート）

今走Rレベル	着別度数	勝率	連対率	複勝率	単勝回収値	複勝回収値
高★	26- 14- 16- 78/134	19.4%	29.9%	41.8%	92	93
高+	25- 26- 19-109/179	14.0%	28.5%	39.1%	76	74
高-	23- 24- 20- 67/134	17.2%	35.1%	50.0%	62	86
普通	9- 10- 14- 32/ 65	13.8%	29.2%	50.8%	59	94
低+	5- 4- 5- 13/ 27	18.5%	33.3%	51.9%	45	63
低-	5- 0- 0- 4/ 9	55.6%	55.6%	55.6%	117	61
低★	1- 0- 0- 0/ 1	100.0%	100.0%	100.0%	130	100

　重賞全体で見るとレベルが高いメンバーのレースではさっぱりな成績ではありますが、相手が揃っていない低いレベルのレースではしっかりとした勝利をしていますので、狙うのであればこの条件のレースになりますね。

■ 岩田康誠騎手がR+馬に騎乗した場合の今走Rレベルでの成績（重賞）

今走Rレベル	着別度数	勝率	連対率	複勝率	単勝回収値	複勝回収値
高★	4- 9- 4-57/74	5.4%	17.6%	23.0%	42	89
高+	1- 1- 2-10/14	7.1%	14.3%	28.6%	17	57
高-	1- 0- 2- 3/ 6	16.7%	16.7%	50.0%	93	78
普通	1- 0- 0- 0/ 1	100.0%	100.0%	100.0%	130	110
低+	1- 0- 0- 2/ 3	33.3%	33.3%	33.3%	166	63

● 田辺裕信

　30代半ばとなった田辺裕信ですが、年間の勝利数などを考えれば次世代のエースというところでしょう。馬券が外れても納得できるような騎乗をしてくれますし、ここぞというところの決め撃ち的な騎乗スタイルからも個人的注目している騎手の1人です。

　イメージ的には芝レースでも活躍している印象でしたが、このように一覧してみると高★レースではかなり苦戦しているようです。1番人気に限定をすると高+で50%近く、高-で50%丁度、普通で31%強ぐらいの勝率ですが高★ではなんと19%しか勝利することができていないぐらい芝でメンバーが揃ったレースを苦手としています。

■ 田辺裕信騎手がR＋馬に騎乗した場合の今走Rレベルでの成績（芝）

今走Rレベル	着別度数	勝率	連対率	複勝率	単勝回収値	複勝回収値
高★	13- 13- 18-101/145	9.0%	17.9%	30.3%	59	81
高＋	24- 21- 16-112/173	13.9%	26.0%	35.3%	78	78
高−	19- 15- 12- 44/ 90	21.1%	37.8%	51.1%	74	83
普通	6- 9- 10- 22/ 47	12.8%	31.9%	53.2%	33	75
低＋	2- 5- 1- 11/ 19	10.5%	36.8%	42.1%	38	54
低−	4- 4- 0- 3/ 11	36.4%	72.7%	72.7%	135	104

　ダートでは成績の統一感がありませんが、まず高★では好成績であるということが結果として出ています。芝ではメンバーが揃うと極端に落ち込んでいる成績がダートではここまで上昇するのですから騎手の得意不得意というのは面白いですね。普通以下のレースでは人気に対して勝率が低いですので妙味を考えると一見混戦ムードの高★レースを狙う方がいいのでしょう。

■ 田辺裕信騎手がR＋馬に騎乗した場合の今走Rレベルでの成績（ダート）

今走Rレベル	着別度数	勝率	連対率	複勝率	単勝回収値	複勝回収値
高★	14- 13- 9- 66/102	13.7%	26.5%	35.3%	114	93
高＋	26- 27- 21-125/199	13.1%	26.6%	37.2%	65	72
高−	25- 25- 14- 45/109	22.9%	45.9%	58.7%	160	113
普通	7- 8- 8- 23/ 46	15.2%	32.6%	50.0%	44	71
低＋	6- 2- 6- 14/ 28	21.4%	28.6%	50.0%	78	70
低−	2- 1- 3- 1/ 7	28.6%	42.9%	85.7%	71	104

　重賞ではまだまだ頼りないところがあるように見える成績ですが、高★や高＋では騎乗馬の平均オッズが30倍ぐらいですし、ルメールとデムーロがJRA所属になったことで一変した今の競馬界ではこの成績もやむなしというところでしょう。ただ年齢的なことを考えればまだまだこれからですし、騎乗馬の質の平均値が上がってくればもっと良い成績が出せる騎手であると考えています。

■ 田辺裕信騎手がR+馬に騎乗した場合の今走Rレベルでの成績（重賞）

今走Rレベル	着別度数	勝率	連対率	複勝率	単勝回収値	複勝回収値
高★	3- 3- 7-45/58	5.2%	10.3%	22.4%	76	76
高+	0- 1- 1-13/15	0.0%	6.7%	13.3%	0	40
高-	1- 0- 0- 1/ 2	50.0%	50.0%	50.0%	150	80
普通	0- 0- 0- 1/ 1	0.0%	0.0%	0.0%	0	0
低+	0- 1- 0- 2/ 3	0.0%	33.3%	33.3%	0	46

● 武豊

　2018年の年末にはオジュウチョウサンと有馬記念に挑戦し、2019年の最初の開催でいきなり6勝するなど全盛期は過ぎたとはいえ今でも競馬界で話題になる知名度を持っているのは武豊がナンバーワンでしょう。騎乗馬の質が落ちた当初はこれまでの馬と違いすぎたからか成績が猛烈な低下をしましたが今ではそれを持ち直してきています。ただ、これまではクビの上げ下げで計ったように勝っていたのに負けることも増え、レース途中で猛然とマクって大きくバテて大敗するなどやはり年齢的なことも含めて昔とは違ってきていることも事実です。

　芝では低+以下のレースではしっかり勝ち切ることができていますし、高★レースでの成績も悪くなく「相手が弱い」「相手が強い」などわかりやすいレースには強いというところです。ただそこそこ相手が揃ったレースなどでは極端に成績が落ちていることがわかります。

■ 武豊騎手がR+馬に騎乗した場合の今走Rレベルでの成績（芝）

今走Rレベル	着別度数	勝率	連対率	複勝率	単勝回収値	複勝回収値
高★	28- 23- 21-102/174	16.1%	29.3%	41.4%	83	88
高+	25- 19- 19-116/179	14.0%	24.6%	35.2%	53	66
高-	13- 15- 13- 67/108	12.0%	25.9%	38.0%	77	66
普通	6- 6- 9- 23/ 44	13.6%	27.3%	47.7%	34	62
低+	8- 5- 5- 11/ 29	27.6%	44.8%	62.1%	101	91
低-	3- 1- 2- 3/ 9	33.3%	44.4%	66.7%	106	113

　ダートに関しては買う必要性を感じないほどの成績になっています。
　そもそも競馬は逃げ先行というだけで回収率が高い中、ダートで先行騎乗しても成績が悪くなっていますし、馬券内には顔を出しますが勝ち切る割合

が全盛期と比べるとかなり低下しているという結果が現実です。

■ 武豊騎手がR＋馬に騎乗した場合の今走Rレベルでの成績（ダート）

今走Rレベル	着別度数	勝率	連対率	複勝率	単勝回収値	複勝回収値
高★	14- 19- 11- 65/109	12.8%	30.3%	40.4%	53	78
高＋	19- 23- 23- 83/148	12.8%	28.4%	43.9%	55	79
高−	15- 24- 15- 44/ 98	15.3%	39.8%	55.1%	56	92
普通	6- 7- 6- 33/ 52	11.5%	25.0%	36.5%	24	51
低＋	8- 8- 3- 11/ 30	26.7%	53.3%	63.3%	97	98
低−	2- 3- 0- 0/ 5	40.0%	100.0%	100.0%	112	140

　今最も武豊を狙えるのは重賞で相手が揃ったレースです。勝利の多くが1番人気ですが、中穴で勝つ頻度が低くなく、引退2年前ぐらいからの安藤勝己のような大きなレースでの決め打ち勝負が得意になっている印象です。天才武豊も50歳という年齢を考えれば全レースに全力投球することは難しいというのは仕方ありません。逆に考えれば大一番での武豊は全盛期を超えるぐらい研ぎ澄ました騎乗を今後していく可能性もあるのではないかと思います。

■ 武豊騎手がR＋馬に騎乗した場合の今走Rレベルでの成績（重賞）

今走Rレベル	着別度数	勝率	連対率	複勝率	単勝回収値	複勝回収値
高★	19-12-10-40/81	23.5%	38.3%	50.6%	118	107
高＋	1- 0- 2- 8/11	9.1%	9.1%	27.3%	45	58
高−	1- 1- 2- 6/10	10.0%	20.0%	40.0%	37	64
普通	0- 0- 1- 4/ 5	0.0%	0.0%	20.0%	0	22
低＋	0- 1- 1- 2/ 4	0.0%	25.0%	50.0%	0	70
低−	0- 1- 0- 1/ 2	0.0%	50.0%	50.0%	0	115

● 浜中俊

　まだ30歳にして実績と知名度、競馬ファンからの信頼も厚い浜中俊。10年後に中央競馬の総大将のようになっていてもおかしくないですし、ルックスなども含めて考えればもっとメディアに推して競馬人気に繋げることができるのでは？と以前から思っています。そんな浜中俊という騎手はミリオンダラー馬券術と騎手の関係性を見ていく中でかなり参考になるタイプの特徴を

持っています。

　まずは芝の成績ですが表を見ると面白いぐらいに極端な成績になっています。高★と高－では勝率も回収率も怒号が飛ぶぐらい悪いですが、メンバーレベルが下がっていくと成績が極端に良くなっていることがわかります。良く言えば相手が絞れる時に成績がよく、全体的にレベルが高くライバルが多くなった時に成績が悪いというタイプであると言えます。

■ 浜中俊がR＋馬に騎乗した場合の今走Rレベルでの成績（芝）

今走Rレベル	着別度数	勝率	連対率	複勝率	単勝回収値	複勝回収値
高★	16- 13- 21- 98/148	10.8%	19.6%	33.8%	59	79
高＋	17- 24- 9- 81/131	13.0%	31.3%	38.2%	57	62
高－	17- 20- 11- 42/ 90	18.9%	41.1%	53.3%	153	108
普通	6- 5- 5- 15/ 31	19.4%	35.5%	51.6%	80	80
低＋	4- 4- 4- 8/ 20	20.0%	40.0%	60.0%	61	92
低－	3- 3- 4- 1/ 11	27.3%	54.5%	90.9%	90	139
低★	1- 0- 1- 0/ 2	50.0%	50.0%	100.0%	90	105

　ダートではどうか？更に顕著にその傾向が出ています。高★と高＋ではかなり成績が悪く、回収率46％ですから相当の自信が無い限りここで馬券を買う必要が無い状態です。しかし高＋以下になると途端に勝率と回収率が上昇しており、極端な例えですが浜中俊は高★と高＋のレースに騎乗しなければ、トータルの成績は勝率も回収率も競馬ファンからの称賛がやまないぐらいの成績になるはずです。

■ 浜中俊がR＋馬に騎乗した場合の今走Rレベルでの成績（ダート）

今走Rレベル	着別度数	勝率	連対率	複勝率	単勝回収値	複勝回収値
高★	9- 11- 12- 73/105	8.6%	19.0%	30.5%	46	81
高＋	19- 14- 20- 77/130	14.6%	25.4%	40.8%	46	73
高－	19- 14- 7- 45/ 85	22.4%	38.8%	47.1%	156	86
普通	10- 3- 3- 22/ 38	26.3%	34.2%	42.1%	131	74
低＋	2- 6- 3- 4/ 15	13.3%	53.3%	73.3%	102	122
低－	1- 2- 2- 2/ 7	14.3%	42.9%	71.4%	18	78

重賞では勝ち切ることが苦手ですが、複勝回収率は高いです。これも該当数は少ないですが高−以下のレースでは馬券内に来ている確率がかなり高いですので、浜中俊の狙い目とは単純に「高＋以上で買わず、高−以下で買う」ということになりますね。

■ 浜中俊がR＋馬に騎乗した場合の今走Rレベルでの成績（重賞）

今走Rレベル	着別度数	勝率	連対率	複勝率	単勝回収値	複勝回収値
高★	3- 4- 8-32/47	6.4%	14.9%	31.9%	46	113
高＋	0- 2- 1- 8/11	0.0%	18.2%	27.3%	0	47
高−	1- 1- 2- 2/ 6	16.7%	33.3%	66.7%	36	123
普通	0- 0- 0- 1/ 1	0.0%	0.0%	0.0%	0	0
低−	1- 2- 2- 0/ 5	20.0%	60.0%	100.0%	84	188

このような調べ方をすると騎手の特徴が世間とは違う形で見える化します。これはあなたが今後RレベルとR馬をしっかりと調べて蓄積していくことで誰でもリアルタイムに集計をして判断していくことができるようになります。全騎手を掲載するとそれだけで1冊になってしまいますので、今回は例として何名かの騎手をピックアップしましたが、今週末からすぐにでも活用していただくために参考となる資料を掲載しておきます。

先程までは1騎手に対して全てのRレベル別で特徴を調べるという方法を取りましたが、ここで掲載する資料はRレベル高−以上・普通以下という2つにわけた時の騎手別の成績となります。（勝利数順で100位まで）

■ 今走Rレベル高一以上　今走芝 (1/3)

騎手	着別度数	勝率	連対率	複勝率	単勝回収値	複勝回収値
ルメール	198-124- 89-288/699	28.3%	46.1%	58.8%	91	85
M.デム	147-121- 82-307/657	22.4%	40.8%	53.3%	72	82
戸崎圭太	130-129- 73-312/644	20.2%	40.2%	51.6%	71	85
川田将雅	107- 93- 80-263/543	19.7%	36.8%	51.6%	82	94
福永祐一	106- 81- 65-260/512	20.7%	36.5%	49.2%	90	85
武豊	66- 57- 53-285/461	14.3%	26.7%	38.2%	70	74
田辺裕信	56- 49- 46-257/408	13.7%	25.7%	37.0%	70	80
吉田隼人	54- 47- 36-230/367	14.7%	27.5%	37.3%	92	80
内田博幸	53- 62- 47-300/462	11.5%	24.9%	35.1%	62	79
北村友一	53- 47- 40-211/351	15.1%	28.5%	39.9%	76	78
浜中俊	50- 57- 41-221/369	13.6%	29.0%	40.1%	81	80
藤岡佑介	46- 31- 36-175/288	16.0%	26.7%	39.2%	93	80
幸英明	44- 37- 33-267/381	11.5%	21.3%	29.9%	80	76
松山弘平	44- 33- 34-253/364	12.1%	21.2%	30.5%	94	77
岩田康誠	43- 52- 59-284/438	9.8%	21.7%	35.2%	58	79
和田竜二	43- 45- 48-304/440	9.8%	20.0%	30.9%	61	73
池添謙一	42- 44- 32-213/331	12.7%	26.0%	35.6%	72	78
津村明秀	42- 28- 26-195/291	14.4%	24.1%	33.0%	123	85
石橋脩	41- 25- 38-193/297	13.8%	22.2%	35.0%	71	76
横山典弘	40- 25- 21-164/250	16.0%	26.0%	34.4%	72	78
モレイラ	39- 18- 11- 39/107	36.4%	53.3%	63.6%	92	86
藤岡康太	38- 46- 36-245/365	10.4%	23.0%	32.9%	52	66
北村宏司	34- 22- 21-208/285	11.9%	19.6%	27.0%	91	59
大野拓弥	33- 37- 26-218/314	10.5%	22.3%	30.6%	73	75
蛯名正義	33- 34- 40-228/335	9.9%	20.0%	31.9%	77	70
柴田大知	31- 47- 40-301/419	7.4%	18.6%	28.2%	49	65
丸山元気	28- 32- 30-186/276	10.1%	21.7%	32.6%	48	77
坂井瑠星	25- 13- 11- 83/132	18.9%	28.8%	37.1%	95	72
三浦皇成	24- 38- 34-174/270	8.9%	23.0%	35.6%	47	87
柴山雄一	24- 31- 32-168/255	9.4%	21.6%	34.1%	103	88
四位洋文	23- 26- 27-142/218	10.6%	22.5%	34.9%	51	89
鮫島克駿	23- 25- 13-156/217	10.6%	22.1%	28.1%	96	92
松若風馬	22- 24- 25-208/279	7.9%	16.5%	25.4%	56	62
松岡正海	21- 22- 23-171/237	8.9%	18.1%	27.8%	79	69
丹内祐次	20- 21- 26-201/268	7.5%	15.3%	25.0%	59	62
小牧太	19- 17- 17-113/166	11.4%	21.7%	31.9%	76	99

[第3章] 自信の本命を打つための活用方法

■ 今走Rレベル高-以上　今走芝 (2/3)

騎手	着別度数	勝率	連対率	複勝率	単勝回収値	複勝回収値
中谷雄太	19- 15- 9- 89/132	14.4%	25.8%	32.6%	117	98
柴田善臣	18- 22- 21-137/198	9.1%	20.2%	30.8%	90	92
勝浦正樹	17- 22- 26-185/250	6.8%	15.6%	26.0%	44	67
菱田裕二	16- 25- 23-144/208	7.7%	19.7%	30.8%	73	96
古川吉洋	16- 15- 17-124/172	9.3%	18.0%	27.9%	105	85
丸田恭介	15- 16- 15-125/171	8.8%	18.1%	26.9%	72	73
ムーア	15- 9- 10- 38/ 72	20.8%	33.3%	47.2%	64	76
国分恭介	15- 8- 6- 78/107	14.0%	21.5%	27.1%	214	95
秋山真一	14- 18- 19-174/225	6.2%	14.2%	22.7%	51	63
吉田豊	13- 10- 20-101/144	9.0%	16.0%	29.9%	67	69
C.デム	13- 10- 7- 33/ 63	20.6%	36.5%	47.6%	145	102
松田大作	13- 9- 7- 68/ 97	13.4%	22.7%	29.9%	168	74
荻野極	12- 6- 19-125/162	7.4%	11.1%	22.8%	46	60
武藤雅	11- 6- 13- 50/ 80	13.8%	21.3%	37.5%	118	112
石川裕紀	10- 18- 18-149/195	5.1%	14.4%	23.6%	38	58
黛弘人	10- 9- 5- 52/ 76	13.2%	25.0%	31.6%	135	130
杉原誠人	10- 7- 4- 45/ 66	15.2%	25.8%	31.8%	186	98
シュミノ	10- 6- 5- 32/ 53	18.9%	30.2%	39.6%	137	86
木幡巧也	9- 10- 14- 92/125	7.2%	15.2%	26.4%	65	76
太宰啓介	9- 4- 8- 93/114	7.9%	11.4%	18.4%	45	49
バルジュ	8- 13- 5- 41/ 67	11.9%	31.3%	38.8%	42	68
シュタル	8- 12- 9- 43/ 72	11.1%	27.8%	40.3%	103	93
酒井学	8- 8- 17- 96/129	6.2%	12.4%	25.6%	59	78
川又賢治	8- 8- 11- 37/ 64	12.5%	25.0%	42.2%	60	98
岩崎翼	8- 7- 9- 74/ 98	8.2%	15.3%	24.5%	77	73
田中勝春	8- 6- 19-113/146	5.5%	9.6%	22.6%	60	81
アヴドゥ	8- 3- 4- 10/ 25	32.0%	44.0%	60.0%	153	131
小崎綾也	7- 4- 1- 72/ 84	8.3%	13.1%	14.3%	49	30
高倉稜	6- 12- 12- 86/116	5.2%	15.5%	25.9%	23	88
川須栄彦	6- 8- 10- 88/112	5.4%	12.5%	21.4%	60	70
ボウマン	6- 8- 4- 18/ 36	16.7%	38.9%	50.0%	86	92
武士沢友	6- 7- 7- 28/ 48	12.5%	27.1%	41.7%	135	131
川島信二	5- 4- 5- 40/ 54	9.3%	16.7%	25.9%	66	60
ヴェロン	5- 4- 2- 21/ 32	15.6%	28.1%	34.4%	73	118
加藤祥太	4- 8- 9- 73/ 94	4.3%	12.8%	22.3%	66	86
横山武史	4- 7- 4- 42/ 57	7.0%	19.3%	26.3%	70	72

77

■ 今走Rレベル高一以上　今走芝 (3/3)

騎手	着別度数	勝率	連対率	複勝率	単勝回収値	複勝回収値
富田暁	4- 5- 9- 50/ 68	5.9%	13.2%	26.5%	40	100
城戸義政	4- 5- 8- 35/ 52	7.7%	17.3%	32.7%	48	89
横山和生	4- 5- 5- 51/ 65	6.2%	13.8%	21.5%	37	73
菊沢一樹	4- 5- 5- 40/ 54	7.4%	16.7%	25.9%	53	85
藤田菜七	4- 4- 2- 30/ 40	10.0%	20.0%	25.0%	166	88
国分優作	4- 3-10- 51/ 68	5.9%	10.3%	25.0%	39	139
ベリー	4- 3- 2- 12/ 21	19.0%	33.3%	42.9%	106	71
野中悠太	4- 2- 9- 42/ 57	7.0%	10.5%	26.3%	82	78
田中健	4- 1- 4- 32/ 41	9.8%	12.2%	22.0%	436	124
藤懸貴志	4- 1- 3- 32/ 40	10.0%	12.5%	20.0%	164	63
バルザロ	4- 1- 1- 16/ 22	18.2%	22.7%	27.3%	150	74
ティータ	4- 0- 0- 13/ 17	23.5%	23.5%	23.5%	123	47
ホワイト	3- 6- 5- 18/ 32	9.4%	28.1%	43.8%	72	101
西田雄一	3- 4- 2- 30/ 39	7.7%	17.9%	23.1%	113	63
オドノヒ	3- 2- 3- 0/ 8	37.5%	62.5%	100.0%	132	137
木幡育也	3- 2- 1- 17/ 23	13.0%	21.7%	26.1%	68	93
森一馬	3- 1- 2- 29/ 35	8.6%	11.4%	17.1%	92	102
武幸四郎	3- 0- 1- 11/ 15	20.0%	20.0%	26.7%	170	62
江田照男	2- 7- 4- 64/ 77	2.6%	11.7%	16.9%	27	82
木幡初也	2- 5- 7- 54/ 68	2.9%	10.3%	20.6%	34	70
井上敏樹	2- 5- 7- 38/ 52	3.8%	13.5%	26.9%	23	126
中井裕二	2- 5- 5- 30/ 42	4.8%	16.7%	28.6%	20	67
森裕太朗	2- 5- 2- 32/ 41	4.9%	17.1%	22.0%	151	70
フォーリ	2- 4- 6- 22/ 34	5.9%	17.6%	35.3%	44	82
伊藤工真	2- 4- 6- 20/ 32	6.3%	18.8%	37.5%	38	113
長岡禎仁	2- 4- 5- 41/ 52	3.8%	11.5%	21.2%	47	84
ベリー	2- 4- 4- 13/ 23	8.7%	26.1%	43.5%	49	79
原田和真	2- 4- 3- 24/ 33	6.1%	18.2%	27.3%	99	131

[第3章] 自信の本命を打つための活用方法

■ 今走Rレベル普通以下　今走芝 (1/3)

騎手	着別度数	勝率	連対率	複勝率	単勝回収値	複勝回収値
ルメール	61- 29- 23- 40/153	39.9%	58.8%	73.9%	102	95
戸崎圭太	42- 31- 13- 65/151	27.8%	48.3%	57.0%	77	79
M.デム	30- 21- 14- 47/112	26.8%	45.5%	58.0%	74	78
川田将雅	25- 20- 13- 44/102	24.5%	44.1%	56.9%	58	83
福永祐一	20- 20- 11- 42/ 93	21.5%	43.0%	54.8%	57	76
吉田隼人	17- 15- 11- 44/ 87	19.5%	36.8%	49.4%	77	96
石橋脩	17- 14- 9- 26/ 66	25.8%	47.0%	60.6%	117	100
武豊	17- 12- 16- 37/ 82	20.7%	35.4%	54.9%	65	77
内田博幸	16- 14- 13- 56/ 99	16.2%	30.3%	43.4%	47	62
和田竜二	15- 10- 13- 32/ 70	21.4%	35.7%	54.3%	101	87
岩田康誠	15- 10- 9- 36/ 70	21.4%	35.7%	48.6%	70	72
津村明秀	14- 13- 12- 43/ 82	17.1%	32.9%	47.6%	56	84
浜中俊	14- 12- 14- 24/ 64	21.9%	40.6%	62.5%	76	95
松若風馬	14- 6- 7- 31/ 58	24.1%	34.5%	46.6%	139	85
柴田大知	13- 15- 15- 73/116	11.2%	24.1%	37.1%	65	72
北村友一	13- 13- 8- 43/ 77	16.9%	33.8%	44.2%	41	61
田辺裕信	12- 18- 11- 36/ 77	15.6%	39.0%	53.2%	49	74
池添謙一	12- 13- 4- 27/ 56	21.4%	44.6%	51.8%	87	77
松山弘平	11- 9- 10- 35/ 65	16.9%	30.8%	46.2%	64	85
大野拓弥	10- 12- 7- 35/ 64	15.6%	34.4%	45.3%	86	86
藤岡康太	10- 7- 6- 42/ 65	15.4%	26.2%	35.4%	68	70
藤岡佑介	10- 5- 4- 32/ 51	19.6%	29.4%	37.3%	84	60
秋山真一	10- 4- 7- 21/ 42	23.8%	33.3%	50.0%	120	86
四位洋文	10- 4- 6- 17/ 37	27.0%	37.8%	54.1%	177	102
幸英明	9- 12- 11- 30/ 62	14.5%	33.9%	51.6%	80	103
勝浦正樹	8- 5- 4- 21/ 38	21.1%	34.2%	44.7%	160	111
柴山雄一	8- 4- 2- 27/ 41	19.5%	29.3%	34.1%	106	79
モレイラ	8- 4- 2- 2/ 16	50.0%	75.0%	87.5%	141	116
蛯名正義	7- 8- 10- 34/ 59	11.9%	25.4%	42.4%	54	68
菱田裕二	7- 6- 7- 13/ 33	21.2%	39.4%	60.6%	83	105
坂井瑠星	7- 5- 5- 7/ 24	29.2%	50.0%	70.8%	119	140
北村宏司	7- 5- 0- 30/ 42	16.7%	28.6%	28.6%	52	46
鮫島克駿	6- 16- 6- 30/ 58	10.3%	37.9%	48.3%	57	100
三浦皇成	6- 10- 4- 38/ 58	10.3%	27.6%	34.5%	33	56
木幡巧也	6- 7- 3- 26/ 42	14.3%	31.0%	38.1%	52	63
丸山元気	5- 10- 10- 32/ 57	8.8%	26.3%	43.9%	33	83

■ 今走Rレベル普通以下　今走芝 (2/3)

騎手	着別度数	勝率	連対率	複勝率	単勝回収値	複勝回収値
横山典弘	5- 8- 7- 27/ 47	10.6%	27.7%	42.6%	25	76
荻野極	5- 5- 4- 16/ 30	16.7%	33.3%	46.7%	45	79
高倉稜	5- 4- 2- 3/ 14	35.7%	64.3%	78.6%	88	122
中谷雄太	5- 0- 4- 15/ 24	20.8%	20.8%	37.5%	89	71
横山和生	5- 0- 1- 6/ 12	41.7%	41.7%	50.0%	250	105
木幡初也	4- 5- 1- 20/ 30	13.3%	30.0%	33.3%	63	65
柴田善臣	4- 4- 3- 23/ 34	11.8%	23.5%	32.4%	80	55
吉田豊	4- 3- 1- 13/ 21	19.0%	33.3%	38.1%	97	61
石川裕紀	4- 2- 4- 16/ 26	15.4%	23.1%	38.5%	48	70
菊沢一樹	4- 2- 3- 8/ 17	23.5%	35.3%	52.9%	194	112
武藤雅	4- 2- 1- 19/ 26	15.4%	23.1%	26.9%	85	46
横山武史	4- 2- 1- 10/ 17	23.5%	35.3%	41.2%	105	75
丸田恭介	3- 7- 7- 25/ 42	7.1%	23.8%	40.5%	31	70
C.デム	3- 4- 1- 9/ 17	17.6%	41.2%	47.1%	65	100
酒井学	3- 4- 0- 16/ 23	13.0%	30.4%	30.4%	51	53
シュタル	3- 2- 1- 6/ 12	25.0%	41.7%	50.0%	102	79
バルジュ	3- 2- 1- 2/ 8	37.5%	62.5%	75.0%	120	125
岩部純二	3- 1- 2- 7/ 13	23.1%	30.8%	46.2%	211	100
岩崎翼	3- 1- 2- 5/ 11	27.3%	36.4%	54.5%	126	82
ムーア	3- 1- 1- 8/ 13	23.1%	30.8%	38.5%	49	53
川須栄彦	3- 0- 3- 15/ 21	14.3%	14.3%	28.6%	41	50
藤田菜七	2- 4- 1- 14/ 21	9.5%	28.6%	33.3%	47	52
国分恭介	2- 2- 3- 10/ 17	11.8%	23.5%	41.2%	129	87
川又賢治	2- 2- 2- 6/ 12	16.7%	33.3%	50.0%	82	72
フォーリ	2- 2- 1- 3/ 8	25.0%	50.0%	62.5%	142	112
松田大作	2- 1- 3- 12/ 18	11.1%	16.7%	33.3%	24	56
加藤祥太	2- 1- 2- 12/ 17	11.8%	17.6%	29.4%	27	49
シュミノ	2- 1- 2- 6/ 11	18.2%	27.3%	45.5%	43	58
二本柳壮	2- 1- 0- 4/ 7	28.6%	42.9%	42.9%	122	71
宮崎北斗	2- 0- 1- 9/ 12	16.7%	16.7%	25.0%	97	59
ボウマン	2- 0- 1- 0/ 3	66.7%	66.7%	100.0%	210	173
柴田未崎	2- 0- 1- 0/ 3	66.7%	66.7%	100.0%	213	130
岡田祥嗣	2- 0- 0- 5/ 7	28.6%	28.6%	28.6%	135	50
長岡禎仁	2- 0- 0- 10/ 12	16.7%	16.7%	16.7%	190	50
木幡育也	2- 0- 0- 4/ 6	33.3%	33.3%	33.3%	505	118
田中勝春	1- 6- 3- 27/ 37	2.7%	18.9%	27.0%	7	64

[第3章] 自信の本命を打つための活用方法

■ 今走Rレベル普通以下　今走芝 (3/3)

騎手	着別度数	勝率	連対率	複勝率	単勝回収値	複勝回収値
丹内祐次	1- 5- 7- 33/ 46	2.2%	13.0%	28.3%	37	74
松岡正海	1- 5- 4- 30/ 40	2.5%	15.0%	25.0%	8	52
杉原誠人	1- 4- 1- 18/ 24	4.2%	20.8%	25.0%	27	101
富田暁	1- 4- 0- 7/ 12	8.3%	41.7%	41.7%	23	98
国分優作	1- 3- 1- 6/ 11	9.1%	36.4%	45.5%	38	129
西田雄一	1- 2- 5- 21/ 29	3.4%	10.3%	27.6%	20	73
太宰啓介	1- 2- 2- 9/ 14	7.1%	21.4%	35.7%	17	45
江田照男	1- 1- 4- 15/ 21	4.8%	9.5%	28.6%	88	80
黛弘人	1- 1- 3- 10/ 15	6.7%	13.3%	33.3%	34	60
ホワイト	1- 1- 3- 0/ 5	20.0%	40.0%	100.0%	336	184
古川吉洋	1- 1- 2- 10/ 14	7.1%	14.3%	28.6%	40	50
的場勇人	1- 1- 0- 4/ 6	16.7%	33.3%	33.3%	95	55
山田敬士	1- 1- 0- 2/ 4	25.0%	50.0%	50.0%	305	90
服部寿希	1- 1- 0- 1/ 3	33.3%	66.7%	66.7%	83	146
野中悠太	1- 1- 0- 3/ 5	20.0%	40.0%	40.0%	58	100
バルザロ	1- 1- 0- 1/ 3	33.3%	66.7%	66.7%	106	183
嶋田純次	1- 1- 0- 1/ 3	33.3%	66.7%	66.7%	140	183
伊藤工真	1- 0- 2- 3/ 6	16.7%	16.7%	50.0%	58	96
藤懸貴志	1- 0- 1- 4/ 6	16.7%	16.7%	33.3%	91	83
荻野琢真	1- 0- 1- 3/ 5	20.0%	20.0%	40.0%	86	96
原田和真	1- 0- 1- 2/ 4	25.0%	25.0%	50.0%	47	75
ベリー	1- 0- 0- 3/ 4	25.0%	25.0%	25.0%	47	27
ベリー	1- 0- 0- 4/ 5	20.0%	20.0%	20.0%	84	30
武幸四郎	1- 0- 0- 3/ 4	25.0%	25.0%	25.0%	85	35
マーフィ	1- 0- 0- 2/ 3	33.3%	33.3%	33.3%	56	36
城戸義政	0- 3- 0- 6/ 9	0.0%	33.3%	33.3%	0	68
田中健	0- 2- 2- 9/ 13	0.0%	15.4%	30.8%	0	50
ヴェロン	0- 2- 2- 1/ 5	0.0%	40.0%	80.0%	0	170

■ 今走Rレベル高-以上　今走ダート (1/3)

騎手	着別度数	勝率	連対率	複勝率	単勝回収値	複勝回収値
戸崎圭太	130-77-82-318/607	21.4%	34.1%	47.6%	82	80
ルメール	123-80-76-246/525	23.4%	38.7%	53.1%	75	83
M.デム	99-66-67-242/474	20.9%	34.8%	48.9%	77	78
内田博幸	83-74-67-360/584	14.2%	26.9%	38.4%	86	77
岩田康誠	74-64-55-254/447	16.6%	30.9%	43.2%	77	83
川田将雅	70-66-41-222/399	17.5%	34.1%	44.4%	74	79
田辺裕信	65-65-44-236/410	15.9%	31.7%	42.4%	102	88
和田竜二	57-72-53-272/454	12.6%	28.4%	40.1%	75	85
福永祐一	52-52-46-250/400	13.0%	26.0%	37.5%	81	75
武豊	48-66-49-192/355	13.5%	32.1%	45.9%	54	83
幸英明	48-46-44-275/413	11.6%	22.8%	33.4%	71	84
浜中俊	47-39-39-195/320	14.7%	26.9%	39.1%	75	79
大野拓弥	46-56-46-258/406	11.3%	25.1%	36.5%	85	78
松山弘平	46-40-50-226/362	12.7%	23.8%	37.6%	73	80
横山典弘	45-34-26-191/296	15.2%	26.7%	35.5%	64	69
蛯名正義	41-33-19-197/290	14.1%	25.5%	32.1%	86	71
藤岡康太	40-29-32-196/297	13.5%	23.2%	34.0%	74	75
北村宏司	38-31-22-180/271	14.0%	25.5%	33.6%	114	79
北村友一	37-43-26-145/251	14.7%	31.9%	42.2%	67	87
柴田大知	36-26-28-230/320	11.3%	19.4%	28.1%	95	79
吉田隼人	35-34-34-173/276	12.7%	25.0%	37.3%	76	87
石橋脩	34-29-28-188/279	12.2%	22.6%	32.6%	89	73
藤岡佑介	32-34-30-137/233	13.7%	28.3%	41.2%	75	90
丸山元気	28-28-30-147/233	12.0%	24.0%	36.9%	97	111
池添謙一	28-19-28-144/219	12.8%	21.5%	34.2%	85	81
菱田裕二	28-13-12-99/152	18.4%	27.0%	34.9%	154	84
松岡正海	27-32-24-187/270	10.0%	21.9%	30.7%	93	77
古川吉洋	27-26-19-123/195	13.8%	27.2%	36.9%	136	86
小牧太	27-20-16-133/196	13.8%	24.0%	32.1%	77	67
三浦皇成	26-33-26-159/244	10.7%	24.2%	34.8%	50	74
田中勝春	26-14-25-158/223	11.7%	17.9%	29.1%	84	71
津村明秀	25-28-30-165/248	10.1%	21.4%	33.5%	56	83
松若風馬	24-27-27-179/257	9.3%	19.8%	30.4%	66	82
石川裕紀	24-17-23-155/219	11.0%	18.7%	29.2%	69	74
荻野極	24-15-22-160/221	10.9%	17.6%	27.6%	105	86
モレイラ	24-14-12-32/82	29.3%	46.3%	61.0%	82	86

[第3章] 自信の本命を打つための活用方法

■ 今走Rレベル高-以上　今走ダート (2/3)

騎手	着別度数	勝率	連対率	複勝率	単勝回収値	複勝回収値
秋山真一郎	23- 22- 18-136/199	11.6%	22.6%	31.7%	110	82
勝浦正樹	22- 31- 27-147/227	9.7%	23.3%	35.2%	96	90
柴山雄一	22- 11- 19-159/211	10.4%	15.6%	24.6%	75	55
武藤雅	20- 17- 17- 78/132	15.2%	28.0%	40.9%	82	97
木幡巧也	20- 15- 21-137/193	10.4%	18.1%	29.0%	57	65
鮫島克駿	19- 23- 27-146/215	8.8%	19.5%	32.1%	44	72
横山武史	18- 20- 18- 96/152	11.8%	25.0%	36.8%	63	73
吉田豊	17- 33- 24-166/240	7.1%	20.8%	30.8%	47	72
国分恭介	17- 29- 16- 93/155	11.0%	29.7%	40.0%	131	95
森裕太朗	16- 17- 13- 70/116	13.8%	28.4%	39.7%	99	102
酒井学	16- 14- 18-124/172	9.3%	17.4%	27.9%	56	88
菊沢一樹	15- 6- 15- 85/121	12.4%	17.4%	29.8%	66	75
藤田菜七	14- 16- 7- 81/118	11.9%	25.4%	31.4%	98	79
丸田恭介	14- 15- 15- 78/122	11.5%	23.8%	36.1%	91	85
坂井瑠星	14- 14- 14- 76/118	11.9%	23.7%	35.6%	93	107
太宰啓介	13- 17- 19-127/176	7.4%	17.0%	27.8%	68	79
四位洋文	13- 15- 12- 96/136	9.6%	20.6%	29.4%	43	66
富田暁	13- 11- 10- 81/115	11.3%	20.9%	29.6%	67	62
城戸義政	13- 10- 13- 74/110	11.8%	20.9%	32.7%	87	68
加藤祥太	12- 13- 9- 79/113	10.6%	22.1%	30.1%	96	81
ムーア	12- 10- 3- 23/ 48	25.0%	45.8%	52.1%	84	82
小崎綾也	12- 6- 9- 79/106	11.3%	17.0%	25.5%	65	70
高倉稜	12- 6- 7- 64/ 89	13.5%	20.2%	28.1%	139	81
川又賢治	11- 6- 8- 60/ 85	12.9%	20.0%	29.4%	148	91
柴田善臣	10- 16- 16-135/177	5.6%	14.7%	23.7%	55	65
義英真	10- 16- 6- 73/105	9.5%	24.8%	30.5%	83	84
川須栄彦	10- 15- 12- 89/126	7.9%	19.8%	29.4%	68	63
黛弘人	10- 11- 11- 57/ 89	11.2%	23.6%	36.0%	118	78
武士沢友	10- 7- 8- 84/109	9.2%	15.6%	22.9%	107	71
岩崎翼	9- 12- 9- 76/106	8.5%	19.8%	28.3%	52	71
横山和生	9- 11- 5- 51/ 76	11.8%	26.3%	32.9%	109	82
川島信二	9- 8- 9- 44/ 70	12.9%	24.3%	37.1%	79	94
井上敏樹	9- 3- 2- 54/ 68	13.2%	17.6%	20.6%	107	55
中谷雄太	8- 17- 15- 80/120	6.7%	20.8%	33.3%	38	82
松田大作	8- 11- 10- 72/101	7.9%	18.8%	28.7%	47	77
バルジュ	8- 4- 6- 23/ 41	19.5%	29.3%	43.9%	53	86

■ 今走Rレベル高一以上　今走ダート (3/3)

騎手	着別度数	勝率	連対率	複勝率	単勝回収値	複勝回収値
丹内祐次	7- 14- 17- 84/122	5.7%	17.2%	31.1%	51	98
藤懸貴志	7- 10- 7- 51/ 75	9.3%	22.7%	32.0%	70	122
岡田祥嗣	7- 9- 9- 43/ 68	10.3%	23.5%	36.8%	104	85
原田和真	7- 9- 4- 60/ 80	8.8%	20.0%	25.0%	28	57
鮫島良太	7- 8- 8- 50/ 73	9.6%	20.5%	31.5%	57	106
野中悠太	7- 7- 8- 77/ 99	7.1%	14.1%	22.2%	46	56
長岡禎仁	7- 7- 3- 35/ 52	13.5%	26.9%	32.7%	142	90
C.デム	7- 4- 7- 28/ 46	15.2%	23.9%	39.1%	85	79
田中健	7- 2- 4- 50/ 63	11.1%	14.3%	20.6%	85	63
中井裕二	6- 4- 5- 40/ 55	10.9%	18.2%	27.3%	62	73
江田照男	5- 13- 13-117/148	3.4%	12.2%	20.9%	46	55
木幡初也	5- 13- 10- 78/106	4.7%	17.0%	26.4%	24	75
嘉藤貴行	5- 8- 12- 60/ 85	5.9%	15.3%	29.4%	38	90
木幡育也	5- 7- 8- 37/ 57	8.8%	21.1%	35.1%	276	121
宮崎北斗	5- 4- 4- 18/ 31	16.1%	29.0%	41.9%	192	164
菅原隆一	5- 4- 2- 16/ 27	18.5%	33.3%	40.7%	121	82
村田一誠	5- 0- 2- 24/ 31	16.1%	16.1%	22.6%	141	68
ベリー	4- 5- 5- 12/ 26	15.4%	34.6%	53.8%	81	88
西田雄一	4- 3- 3- 55/ 65	6.2%	10.8%	15.4%	60	40
水口優也	4- 2- 5- 40/ 51	7.8%	11.8%	21.6%	55	64
ビュイッ	4- 2- 2- 8/ 16	25.0%	37.5%	50.0%	87	81
アヴドゥ	4- 2- 0- 9/ 15	26.7%	40.0%	40.0%	264	131
西村淳也	3- 7- 6- 26/ 42	7.1%	23.8%	38.1%	83	105
伴啓太	3- 4- 1- 45/ 53	5.7%	13.2%	15.1%	33	30
三津谷隼	3- 2- 4- 11/ 20	15.0%	25.0%	45.0%	288	158
ミナリク	3- 2- 2- 6/ 13	23.1%	38.5%	53.8%	121	264
ベリー	3- 2- 2- 7/ 14	21.4%	35.7%	50.0%	197	121
的場勇人	3- 1- 1- 21/ 26	11.5%	15.4%	19.2%	176	64

[第3章] 自信の本命を打つための活用方法

■ 今走Rレベル普通以下　今走ダート (1/3)

騎手	着別度数	勝率	連対率	複勝率	単勝回収値	複勝回収値
戸崎圭太	40- 30- 17- 67/154	26.0%	45.5%	56.5%	73	78
ルメール	36- 16- 12- 46/110	32.7%	47.3%	58.2%	74	77
M.デム	25- 15- 10- 28/ 78	32.1%	51.3%	64.1%	77	81
福永祐一	25- 11- 7- 35/ 78	32.1%	46.2%	55.1%	103	81
川田将雅	22- 15- 13- 40/ 90	24.4%	41.1%	55.6%	56	78
内田博幸	21- 18- 13- 83/135	15.6%	28.9%	38.5%	88	61
岩田康誠	20- 14- 19- 49/102	19.6%	33.3%	52.0%	61	83
大野拓弥	18- 9- 14- 44/ 85	21.2%	31.8%	48.2%	91	80
武豊	16- 18- 9- 44/ 87	18.4%	39.1%	49.4%	54	72
北村宏司	16- 9- 11- 25/ 61	26.2%	41.0%	59.0%	122	109
和田竜二	15- 17- 14- 40/ 86	17.4%	37.2%	53.5%	56	95
田辺裕信	15- 11- 17- 38/ 81	18.5%	32.1%	53.1%	58	73
松山弘平	14- 19- 11- 31/ 75	18.7%	44.0%	58.7%	75	100
幸英明	13- 15- 18- 40/ 86	15.1%	32.6%	53.5%	52	88
浜中俊	13- 11- 8- 28/ 60	21.7%	40.0%	53.3%	110	86
横山典弘	13- 10- 5- 22/ 50	26.0%	46.0%	56.0%	104	80
三浦皇成	12- 14- 6- 36/ 68	17.6%	38.2%	47.1%	88	98
松若風馬	12- 12- 7- 32/ 63	19.0%	38.1%	49.2%	70	66
吉田隼人	11- 16- 6- 26/ 59	18.6%	45.8%	55.9%	72	84
柴山雄一	11- 5- 7- 26/ 49	22.4%	32.7%	46.9%	105	85
北村友一	10- 12- 5- 27/ 56	17.9%	39.3%	51.8%	50	81
藤岡康太	10- 11- 10- 29/ 60	16.7%	35.0%	51.7%	56	87
柴田大知	10- 11- 9- 32/ 62	16.1%	33.9%	48.4%	137	104
吉田豊	10- 11- 7- 18/ 46	21.7%	45.7%	60.9%	98	102
酒井学	10- 9- 3- 22/ 44	22.7%	43.2%	50.0%	92	89
鮫島克駿	10- 8- 11- 35/ 64	15.6%	28.1%	45.3%	68	76
加藤祥太	10- 6- 4- 11/ 31	32.3%	51.6%	64.5%	138	128
池添謙一	9- 9- 8- 23/ 49	18.4%	36.7%	53.1%	44	77
木幡巧也	9- 9- 5- 27/ 50	18.0%	36.0%	46.0%	64	72
藤岡佑介	9- 8- 5- 15/ 37	24.3%	45.9%	59.5%	139	93
石川裕紀	9- 4- 7- 24/ 44	20.5%	29.5%	45.5%	96	86
松岡正海	9- 4- 3- 25/ 41	22.0%	31.7%	39.0%	109	80
津村明秀	8- 11- 5- 23/ 47	17.0%	40.4%	51.1%	47	82
丸山元気	8- 6- 6- 22/ 42	19.0%	33.3%	47.6%	75	72
秋山真一	8- 2- 2- 18/ 30	26.7%	33.3%	40.0%	131	68
蛯名正義	8- 1- 8- 30/ 47	17.0%	19.1%	36.2%	56	60

■ 今走Rレベル普通以下　今走ダート (2/3)

騎手	着別度数	勝率	連対率	複勝率	単勝回収値	複勝回収値
勝浦正樹	7- 10- 5- 28/ 50	14.0%	34.0%	44.0%	52	77
江田照男	7- 6- 4- 18/ 35	20.0%	37.1%	48.6%	89	90
菱田裕二	7- 6- 3- 20/ 36	19.4%	36.1%	44.4%	117	70
古川吉洋	7- 6- 2- 22/ 37	18.9%	35.1%	40.5%	87	105
岩崎翼	7- 4- 5- 7/ 23	30.4%	47.8%	69.6%	113	133
柴田善臣	7- 3- 3- 19/ 32	21.9%	31.3%	40.6%	139	80
荻野極	6- 9- 5- 29/ 49	12.2%	30.6%	40.8%	35	69
藤田菜七	6- 4- 6- 14/ 30	20.0%	33.3%	53.3%	114	98
嘉藤貴行	6- 3- 1- 10/ 20	30.0%	45.0%	50.0%	155	82
横山武史	6- 2- 7- 14/ 29	20.7%	27.6%	51.7%	60	90
モレイラ	6- 1- 1- 4/ 12	50.0%	58.3%	66.7%	87	71
田中勝春	5- 6- 7- 23/ 41	12.2%	26.8%	43.9%	63	97
菊沢一樹	5- 6- 1- 11/ 23	21.7%	47.8%	52.2%	102	87
石橋脩	5- 5- 13- 35/ 58	8.6%	17.2%	39.7%	32	70
森裕太朗	5- 5- 5- 12/ 27	18.5%	37.0%	55.6%	144	99
富田暁	5- 3- 3- 13/ 24	20.8%	33.3%	45.8%	62	65
井上敏樹	5- 3- 0- 12/ 20	25.0%	40.0%	40.0%	143	69
丸田恭介	4- 7- 5- 17/ 33	12.1%	33.3%	48.5%	44	103
坂井瑠星	4- 7- 4- 15/ 30	13.3%	36.7%	50.0%	38	76
中井裕二	4- 7- 1- 5/ 17	23.5%	64.7%	70.6%	264	166
川島信二	4- 5- 3- 11/ 23	17.4%	39.1%	52.2%	61	123
田中健	4- 4- 5- 8/ 21	19.0%	38.1%	61.9%	163	113
丹内祐次	4- 3- 3- 15/ 25	16.0%	28.0%	40.0%	54	59
松田大作	4- 2- 3- 18/ 27	14.8%	22.2%	33.3%	61	58
国分恭介	4- 2- 2- 14/ 22	18.2%	27.3%	36.4%	181	113
小崎綾也	4- 2- 1- 14/ 21	19.0%	28.6%	33.3%	87	48
国分優作	4- 1- 3- 14/ 22	18.2%	22.7%	36.4%	74	68
水口優也	4- 1- 1- 10/ 16	25.0%	31.3%	37.5%	156	85
木幡初広	4- 1- 1- 2/ 8	50.0%	62.5%	75.0%	345	196
長岡禎仁	4- 1- 0- 13/ 18	22.2%	27.8%	27.8%	97	48
武幸四郎	4- 0- 0- 1/ 5	80.0%	80.0%	80.0%	264	94
武藤雅	3- 8- 5- 17/ 33	9.1%	33.3%	48.5%	31	116
小牧太	3- 7- 7- 18/ 35	8.6%	28.6%	48.6%	21	84
四位洋文	3- 5- 5- 8/ 21	14.3%	38.1%	61.9%	39	96
義英真	3- 5- 2- 12/ 22	13.6%	36.4%	45.5%	60	104
木幡初也	3- 5- 1- 20/ 29	10.3%	27.6%	31.0%	54	56

[第3章] 自信の本命を打つための活用方法

■ 今走Rレベル普通以下　今走ダート (3/3)

騎手	着別度数	勝率	連対率	複勝率	単勝回収値	複勝回収値
川又賢治	3- 3- 5- 15/ 26	11.5%	23.1%	42.3%	38	80
中谷雄太	3- 3- 5- 16/ 27	11.1%	22.2%	40.7%	41	77
黛弘人	3- 3- 4- 13/ 23	13.0%	26.1%	43.5%	78	68
宮崎北斗	3- 3- 0- 2/ 8	37.5%	75.0%	75.0%	105	102
高倉稜	3- 2- 2- 8/ 15	20.0%	33.3%	46.7%	70	81
C.デム	3- 1- 1- 9/ 14	21.4%	28.6%	35.7%	102	57
三津谷隼	3- 1- 0- 1/ 5	60.0%	80.0%	80.0%	218	114
鮫島良太	2- 5- 1- 14/ 22	9.1%	31.8%	36.4%	78	112
川須栄彦	2- 4- 3- 21/ 30	6.7%	20.0%	30.0%	32	47
太宰啓介	2- 3- 7- 15/ 27	7.4%	18.5%	44.4%	19	71
城戸義政	2- 3- 1- 15/ 21	9.5%	23.8%	28.6%	34	49
バルジュ	2- 2- 3- 6/ 13	15.4%	30.8%	53.8%	59	93
野中悠太	2- 2- 0- 13/ 17	11.8%	23.5%	23.5%	48	37
木幡育也	2- 2- 0- 7/ 11	18.2%	36.4%	36.4%	131	104
ヴェロン	2- 1- 1- 8/ 12	16.7%	25.0%	33.3%	68	51
ベリー	2- 1- 0- 2/ 5	40.0%	60.0%	60.0%	140	94
岩部純二	2- 0- 1- 6/ 9	22.2%	22.2%	33.3%	197	65
西村淳也	2- 0- 1- 3/ 6	33.3%	33.3%	50.0%	145	88
杉原誠人	1- 3- 2- 4/ 10	10.0%	40.0%	60.0%	114	132
横山和生	1- 2- 2- 8/ 13	7.7%	23.1%	38.5%	39	93
岡田祥嗣	1- 2- 1- 9/ 13	7.7%	23.1%	30.8%	10	80
ミナリク	1- 2- 1- 2/ 6	16.7%	50.0%	66.7%	43	88
的場勇人	1- 2- 1- 5/ 9	11.1%	33.3%	44.4%	77	83
原田和真	1- 2- 0- 9/ 12	8.3%	25.0%	25.0%	61	41
伴啓太	1- 2- 0- 5/ 8	12.5%	37.5%	37.5%	26	58
菅原隆一	1- 1- 1- 2/ 5	20.0%	40.0%	60.0%	56	128
ムーア	1- 1- 0- 2/ 4	25.0%	50.0%	50.0%	37	62
小坂忠士	1- 1- 0- 3/ 5	20.0%	40.0%	40.0%	78	70

普通の血統理論では見えない種牡馬の特徴

　2014年に出版した「ミリオンダラー種牡馬」はおかげさまで好評をいただきましたが、それからかなりの時間が過ぎてしまっていますので今熱いミリオンダラー馬券術と種牡馬の狙い目をご紹介したいと思いますが、その前になぜミリオンダラー馬券術と種牡馬、血統が効果的なのか？という説明をさせていただきます。

　世間一般で言うところの血統理論というのは種牡馬とコースの相性を元にしたものや種牡馬と母父馬の血統・系統での組み合わせから成績の良い馬を見つけ出すというようなものです。それ以外に深く突っ込んで血統を活用しているものとしては、レースのラップを予測してそのラップに強い血統を見つけるという方法であったりローテーションなどから相性を見つけるようなものまで様々存在しています。

　血統理論は表面的な部分をなぞるだけであればお手軽で簡単でそこそこの成績が見込めますが、深く掘り下げて行くと少々手間がかかりますし、先程書いたラップと血統という予想方法はまずラップがどうなるのか？の予想が当たらないといけなかったり、展開・位置取りと血統というのもまず対象馬がどこでどう競馬をするのか？という予想が当たらないといけない二重の予想が当たらないと成立しませんので初心者向けではなくその道のプロ妙技のような予想方法になってしまいます。

　そこでミリオンダラー馬券術と血統の組み合わせは簡単に狙えるが他者と被らない目線で独自のものとしてRレベルと種牡馬の関係性から狙い目を見つけていける方法があります。

　本書ではこれからミリオンダラー馬券術を末永く参考にしていただく上で、Rレベルと種牡馬の組み合わせはこういう感じで見ると傾向がつかめますよ、というサンプル的に3頭をご紹介していますが、これを参考にして掲載されていない種牡馬を独自で調べるなどして更に自分だけの武器を手に入れてみてはいかがでしょうか。

※ここでは騎手のときと違いR+馬と限定せず種牡馬と今走Rレベルだけの関係で掲載します。

[第3章] 自信の本命を打つための活用方法

● ディープインパクト産駒

　今でも目を閉じればダービーを走っている姿やハーツクライに敗れて静まりかえった有馬記念、そして夢を見させてくれた凱旋門賞などが目に浮かぶ競馬ファンの人は多いでしょう。平成を代表する名馬ディープインパクトは父になってからも競馬界の中心であり主役として君臨しています。しかし主役と言ってもそれは「競馬」のであって「馬券」の主役ではありません。ディープインパクト産駒というだけでも人気になる要因を持っていますし、産駒の頭数が多いから勝利数が多いだけで回収率はあまり高いとは言えないからです。まず未勝利戦から1000万クラスでの芝レースを見ていきますが、高★ではあまり良い成績ではなく高＋に関しても勝ち馬はでたらめに多いほどですが1レースに何頭も出走していることを含めても回収率が低すぎると感じます。

■ ディープインパクト産駒の今走Rレベル別成績表（芝・未勝利−1000万下）

今走Rレベル	着別度数	勝率	連対率	複勝率	単勝回収値	複勝回収値
高★	79- 81- 82- 496/ 738	10.7%	21.7%	32.8%	52	66
高＋	175- 144- 124- 860/1303	13.4%	24.5%	34.0%	66	72
高−	99- 100- 76- 514/ 789	12.5%	25.2%	34.9%	92	84
普通	63- 56- 37- 272/ 428	14.7%	27.8%	36.4%	65	72
低＋	21- 20- 14- 111/ 166	12.7%	24.7%	33.1%	79	67
低−	6- 7- 3- 19/ 35	17.1%	37.1%	45.7%	36	63
低★	1- 0- 0- 1/ 2	50.0%	50.0%	50.0%	55	50

　では1600万クラスから G1ならどうでしょうか。大きなレースで勝利することも多いディープインパクト産駒なので成績が良いイメージがありますが、実際のところはやはり勝ち馬の数では主役で印象にも残りますが回収率の部分ではここからプラス収支に持っていくのはかなり難しいです。

■ ディープインパクト産駒の今走Rレベル別成績表 (芝・1600万下−G1)

今走Rレベル	着別度数	勝率	連対率	複勝率	単勝回収値	複勝回収値
高★	58- 53- 54-418/583	9.9%	19.0%	28.3%	62	72
高+	29- 30- 37-208/304	9.5%	19.4%	31.6%	54	69
高−	21- 14- 19-114/168	12.5%	20.8%	32.1%	68	72
普通	16- 7- 9- 80/112	14.3%	20.5%	28.6%	63	68
低+	13- 12- 9- 50/ 84	15.5%	29.8%	40.5%	92	84
低−	7- 5- 8- 47/ 67	10.4%	17.9%	29.9%	71	78
低★	1- 1- 3- 2/ 7	14.3%	28.6%	71.4%	17	104

　ディープインパクト産駒はダートで買うべきではないというのはある程度どんな競馬ファンの人でも頭の片隅にある情報だと思いますが、未勝利戦から1000万クラスをRレベル別に見ると高★だけかなり回収率が高いです。それ以外ではかなり成績が悪くダート全体で言えば成績が悪いと思われがちなのですが、相手が揃っているレースでのディープインパクト産駒は中穴から穴を出すことが定期的にあり実は面白い狙い目として馬券に役立てることができます。

■ ディープインパクト産駒の今走Rレベル別成績表 (ダート・未勝利−1000万下)

今走Rレベル	着別度数	勝率	連対率	複勝率	単勝回収値	複勝回収値
高★	11- 6- 11- 71/ 99	11.1%	17.2%	28.3%	208	105
高+	13- 17- 22-191/243	5.3%	12.3%	21.4%	36	78
高−	11- 18- 9-149/187	5.9%	15.5%	20.3%	42	55
普通	4- 3- 6- 53/ 66	6.1%	10.6%	19.7%	31	70
低+	6- 4- 3- 26/ 39	15.4%	25.6%	33.3%	71	63
低−	3- 3- 1- 8/ 15	20.0%	40.0%	46.7%	36	174

　ですがそれが通用するのもクラスが低い間だけで、1600万を超えると相手のレベル問わず太刀打ちできていないというのが現実ですね。ただ、そもそもこのクラスのダートにディープインパクト産駒が出てくることが多くありませんので、そこまで気にする材料ということでもないのかもしれません。

■ ディープインパクト産駒の今走Rレベル別成績表（ダート・1600万下−G1）

今走Rレベル	着別度数	勝率	連対率	複勝率	単勝回収値	複勝回収値
高★	1- 0- 1-25/27	3.7%	3.7%	7.4%	17	17
高+	0- 1- 3-12/16	0.0%	6.3%	25.0%	0	45
高−	1- 0- 0- 8/ 9	11.1%	11.1%	11.1%	145	33
普通	0- 0- 0- 3/ 3	0.0%	0.0%	0.0%	0	0

● キングカメハメハ産駒

　現役時代はNHKマイルカップを勝利し、そのまま日本ダービーでも勝利して競馬界のスターとなりましたが、秋初戦の神戸新聞杯で勝利した後に屈腱炎で引退し種牡馬に。屈腱炎になっていなかったらその後の未来はどうなっていたのだろうか？と競馬ファンが集まればそんな話をいつまでもされる名馬ですね。まず未勝利戦から1000万の芝レースを見ていきますが、勝ち馬は多いとしても回収率がやはり低いです。全体の頭数が多いとどうしても産駒別で成績を見た時にこのような傾向になりやすいですが、それにしてもレベルの低いレースで極端に弱いというのも面白い傾向です。

■ キングカメハメハ産駒の今走Rレベル別成績表（芝・未勝利−1000万下）

今走Rレベル	着別度数	勝率	連対率	複勝率	単勝回収値	複勝回収値
高★	25- 18- 22-212/277	9.0%	15.5%	23.5%	62	57
高+	59- 56- 43-418/576	10.2%	20.0%	27.4%	67	72
高−	37- 27- 32-278/374	9.9%	17.1%	25.7%	85	65
普通	21- 17- 18-145/201	10.4%	18.9%	27.9%	64	70
低+	3- 9- 9- 75/ 96	3.1%	12.5%	21.9%	5	51
低−	1- 3- 5- 14/ 23	4.3%	17.4%	39.1%	7	93

　1600万からそれ以上の芝レースでは馬券内から全て消すことまではできませんが回収率は特に評価することはできない低さという成績です。やはり芝よりダートが狙い目になる種牡馬なのでしょうし、芝では馬券を当てるには必要でも馬券で稼ぐにはそうではないということになります。

■ キングカメハメハ産駒の今走Rレベル別成績表（芝・1600万下－G1）

今走Rレベル	着別度数	勝率	連対率	複勝率	単勝回収値	複勝回収値
高★	25- 23- 25-206/279	9.0%	17.2%	26.2%	77	77
高＋	11- 20- 13-139/183	6.0%	16.9%	24.0%	67	90
高－	10- 8- 7- 61/ 86	11.6%	20.9%	29.1%	45	59
普通	7- 1- 6- 33/ 47	14.9%	17.0%	29.8%	207	110
低＋	4- 4- 2- 30/ 40	10.0%	20.0%	25.0%	82	72
低－	1- 2- 4- 17/ 24	4.2%	12.5%	29.2%	23	142
低★	0- 2- 0- 3/ 5	0.0%	40.0%	40.0%	0	58

　未勝利戦から1000万のダート戦ですがまず特筆すべきは高★での強さと回収率の高さです。クラスが低い中でのハイレベルなメンバーが揃ったダート戦ではキングカメハメハ産駒はかなりの狙い目になっています。高＋や高－のようにある程度揃ったレースでは微妙な成績ですが普通レベル以下となると勝率も回収率も高めなので1着固定で馬連や馬単を狙うというのも選択肢になるでしょう。

■ キングカメハメハ産駒の今走Rレベル別成績表（ダート・未勝利－1000万下）

今走Rレベル	着別度数	勝率	連対率	複勝率	単勝回収値	複勝回収値
高★	32- 31- 24-185/272	11.8%	23.2%	32.0%	177	128
高＋	54- 47- 59-511/671	8.0%	15.1%	23.8%	59	73
高－	52- 40- 41-330/463	11.2%	19.9%	28.7%	75	99
普通	29- 29- 17-172/247	11.7%	23.5%	30.4%	108	97
低＋	15- 6- 10- 75/106	14.2%	19.8%	29.2%	84	76
低－	7- 3- 2- 19/ 31	22.6%	32.3%	38.7%	93	96

　ただ1600万を超えると高★では回収率が下がります。しかしこれは1番人気から3番人気で13勝しており、複数頭キングカメハメハ産駒が同じレースに該当していることで回収率が落ちているだけです。1番人気から3番人気でくくれば回収率が101%ありますし、高＋も96%と高いです。上のクラスでレベルの高いレースでは人気のキングカメハメハ産駒が狙い目ということになりますね。

■ キングカメハメハ産駒の今走Rレベル別成績表（ダート・1600万下−G1）

今走Rレベル	着別度数	勝率	連対率	複勝率	単勝回収値	複勝回収値
高★	16- 14- 22-153/205	7.8%	14.6%	25.4%	40	79
高＋	14- 14- 13-128/169	8.3%	16.6%	24.3%	129	95
高−	2- 6- 3- 37/ 48	4.2%	16.7%	22.9%	64	64
普通	1- 1- 3- 13/ 18	5.6%	11.1%	27.8%	20	42
低＋	0- 1- 0- 3/ 4	0.0%	25.0%	25.0%	0	82

● ダイワメジャー産駒

　クラシック戦線から活躍し、古馬になっても好敵手達と名勝負を数多く繰り広げてきたダイワメジャー。勝ちきれないところがある馬でしたが、2006年は毎日王冠、天皇賞、マイルチャンピオンシップ、そして有馬記念と好走を続けドバイでも3着と好走して堂々と帰国した安田記念で勝利と長く多くのファンに支持された名馬です。

　未勝利戦から1000万の芝レースではかなり良い狙い目があります。Rレベル高★で勝率が高く回収率も単勝で抜けて良いですし、複勝回収率も100％近いので馬券の中心として狙いたい条件です。毎年の様にプラス収支になっているという長期的な安定感もありますので重宝しています。本書ですでに書いてきた中でラクアミの的中歴を掲載していますが、同馬はこの条件にも該当していたので二重の狙い目となっていました。

■ ダイワメジャー産駒の今走Rレベル別成績表（芝・未勝利−1000万下）

今走Rレベル	着別度数	勝率	連対率	複勝率	単勝回収値	複勝回収値
高★	23- 15- 17-170/225	10.2%	16.9%	24.4%	250	98
高＋	53- 49- 61-409/572	9.3%	17.8%	28.5%	81	81
高−	37- 40- 43-356/476	7.8%	16.2%	25.2%	53	77
普通	26- 35- 21-212/294	8.8%	20.7%	27.9%	63	70
低＋	18- 20- 17-119/174	10.3%	21.8%	31.6%	68	77
低−	8- 7- 11- 55/ 81	9.9%	18.5%	32.1%	162	88
低★	1- 1- 1- 6/ 9	11.1%	22.2%	33.3%	30	50

　しかし1600万を超えると急激に成績が落ち込みます。低いレベルはまだしも高いレベルになると回収率が低い傾向です。ですが1番人気から3番人気では安定をしており、高★で回収率117％、高＋で回収率105％と安定

しています。全体的に見ると芝の高いレベルでは何かしら狙い目があるという結論になりますし、馬券攻略に効果的な情報ですね。

■ ダイワメジャー産駒の今走Rレベル別成績表（芝・1600万下ーG1）

今走Rレベル	着別度数	勝率	連対率	複勝率	単勝回収値	複勝回収値
高★	16- 15- 17-147/195	8.2%	15.9%	24.6%	48	64
高＋	13- 18- 14-124/169	7.7%	18.3%	26.6%	41	72
高－	7- 9- 11- 64/ 91	7.7%	17.6%	29.7%	77	85
普通	7- 8- 6- 59/ 80	8.8%	18.8%	26.3%	90	95
低＋	5- 2- 10- 43/ 60	8.3%	11.7%	28.3%	94	76
低－	1- 1- 2- 18/ 22	4.5%	9.1%	18.2%	19	34
低★	3- 0- 1- 5/ 9	33.3%	33.3%	44.4%	343	90

　次はダートとなりますが、未勝利戦から1000万では低いレベルは回収率が高いというのが特徴です。高＋は回収率が100％を超えていますがこれは単勝万馬券が1頭いることで底上げされていることが理由なので、高★と高－を見るとやはり高＋も成績が良くないのではないかと考えるべきだと思います。

■ ダイワメジャー産駒の今走Rレベル別成績表（ダート・未勝利ー1000万下）

今走Rレベル	着別度数	勝率	連対率	複勝率	単勝回収値	複勝回収値
高★	10- 6- 8-122/146	6.8%	11.0%	16.4%	56	48
高＋	40- 30- 34-353/457	8.8%	15.3%	22.8%	106	68
高－	31- 31- 26-340/428	7.2%	14.5%	20.6%	39	54
普通	25- 23- 22-222/292	8.6%	16.4%	24.0%	61	58
低＋	15- 8- 9-106/138	10.9%	16.7%	23.2%	108	65
低－	5- 3- 6- 36/ 50	10.0%	16.0%	28.0%	115	72
低★	0- 0- 0- 2/ 2	0.0%	0.0%	0.0%	0	0

　1600万を超えたレースでは該当数が少ないとは言え3年間という範囲で高★や高＋で回収率20％台でそれ以外は全敗ですから評価はし辛いです。ただここも1番人気から3番人気に限定をすると高★で回収率80％、高＋で回収率270％ですから頭数は少ないとはいえダイワメジャー産駒はクラスが上がると高いレベルでの人気馬の好走は狙い目ということになりますね。

■ ダイワメジャー産駒の今走Rレベル別成績表（ダート・1600万下-G1）

今走Rレベル	着別度数	勝率	連対率	複勝率	単勝回収値	複勝回収値
高★	4- 6- 4-45/59	6.8%	16.9%	23.7%	27	57
高+	2- 4- 1-24/31	6.5%	19.4%	22.6%	26	40
高−	0- 2- 0-12/14	0.0%	14.3%	14.3%	0	57
普通	0- 0- 0- 7/ 7	0.0%	0.0%	0.0%	0	0
低+	0- 0- 0- 1/ 1	0.0%	0.0%	0.0%	0	0

　このような感じで調べていくと色々な種牡馬の特徴を見つけることができますし、元々血統の知識に明るい人はRレベルと種牡馬にコースを足したり、ラップを足したりと応用をしているという読者様からの声もいただいております。ミリオンダラー馬券術を公開してから、作者の私が思いつかなかったことを調べて活用する読者様も数多くおられますが、堅く効率的なことだけを求めるにも自分自身の馬券術にしていくこともできることがミリオンダラー馬券術の長所であると言えますね。

　本書では1頭1頭種牡馬について書くことができませんので、参考資料としてRレベル高−以上、普通以下と未勝利戦から1000万、それ以上と芝とダートで分けた種牡馬別の成績データを掲載しておきます。回収率が高い馬、普通の馬、低い馬と見えてきますので馬券構成をするさいの1つのファクターとしてご活用ください。

■ 種牡馬別成績表（Rレベル高一以上　芝・未勝利-1000万下）

種牡馬	着別度数	勝率	連対率	複勝率	単勝回収値	複勝回収値
ディープインパクト	353- 325- 282-1870/2830	12.5%	24.0%	33.9%	70	74
ステイゴールド	178- 163- 156-1540/2037	8.7%	16.7%	24.4%	70	76
ハーツクライ	148- 146- 181-1234/1709	8.7%	17.2%	27.8%	68	81
ハービンジャー	139- 121- 137-1226/1623	8.6%	16.0%	24.5%	60	72
キングカメハメハ	121- 101- 97- 908/1227	9.9%	18.1%	26.0%	72	67
ダイワメジャー	113- 104- 121- 935/1273	8.9%	17.0%	26.6%	100	82
マンハッタンカフェ	85- 76- 80- 684/ 925	9.2%	17.4%	26.1%	84	74
ルーラーシップ	77- 69- 50- 502/ 698	11.0%	20.9%	28.1%	74	69
アドマイヤムーン	63- 42- 44- 486/ 635	9.9%	16.5%	23.5%	85	71
ヴィクトワールピサ	58- 61- 57- 552/ 728	8.0%	16.3%	24.2%	84	73
ジャングルポケット	43- 56- 40- 543/ 682	6.3%	14.5%	20.4%	116	74
ゼンノロブロイ	36- 39- 46- 603/ 724	5.0%	10.4%	16.7%	41	71
ロードカナロア	35- 30- 28- 223/ 316	11.1%	20.6%	29.4%	72	64
マツリダゴッホ	34- 26- 34- 537/ 631	5.4%	9.5%	14.9%	66	64
シンボリクリスエス	33- 39- 43- 486/ 601	5.5%	12.0%	19.1%	47	59
ディープブリランテ	30- 36- 29- 357/ 452	6.6%	14.6%	21.0%	57	69
ダノンシャンティ	29- 38- 37- 282/ 386	7.5%	17.4%	26.9%	69	90
ワークフォース	29- 36- 30- 459/ 554	5.2%	11.7%	17.1%	35	57
ネオユニヴァース	29- 22- 26- 475/ 552	5.3%	9.2%	13.9%	83	60
ブラックタイド	28- 26- 29- 537/ 620	4.5%	8.7%	13.4%	37	52
キンシャサノキセキ	26- 41- 41- 489/ 597	4.4%	11.2%	18.1%	68	62
タイキシャトル	25- 27- 22- 271/ 345	7.2%	15.1%	21.4%	103	96
メイショウサムソン	24- 40- 34- 362/ 460	5.2%	13.9%	21.3%	106	73
タニノギムレット	24- 16- 29- 406/ 475	5.1%	8.4%	14.5%	53	75
オルフェーヴル	22- 29- 17- 245/ 313	7.0%	16.3%	21.7%	38	68
ローエングリン	22- 24- 33- 242/ 321	6.9%	14.3%	24.6%	59	80
ドリームジャーニー	20- 18- 30- 250/ 318	6.3%	11.9%	21.4%	49	54
スペシャルウィーク	19- 22- 21- 189/ 251	7.6%	16.3%	24.7%	104	83
ベーカバド	19- 20- 18- 234/ 291	6.5%	13.4%	19.6%	50	75
エンパイアメーカー	19- 12- 13- 302/ 346	5.5%	9.0%	12.7%	46	40
メイショウボーラー	18- 14- 7- 242/ 281	6.4%	11.4%	13.9%	185	79
クロフネ	17- 27- 36- 385/ 465	3.7%	9.5%	17.2%	37	58
ストーミングホーム	17- 20- 19- 188/ 244	7.0%	15.2%	23.0%	62	76
ノヴェリスト	17- 19- 16- 171/ 223	7.6%	16.1%	23.3%	67	66
エイシンフラッシュ	17- 17- 18- 225/ 277	6.1%	12.3%	18.8%	51	79
ナカヤマフェスタ	17- 12- 17- 234/ 280	6.1%	10.4%	16.4%	219	107

種牡馬	着別度数	勝率	連対率	複勝率	単勝回収値	複勝回収値
ヨハネスブルグ	14- 7- 12- 187/ 220	6.4%	9.5%	15.0%	69	48
キングズベスト	13- 8- 13- 259/ 293	4.4%	7.2%	11.6%	59	44
サクラバクシンオー	13- 8- 12- 85/ 118	11.0%	17.8%	28.0%	53	85
トーセンホマレボシ	13- 6- 14- 156/ 189	6.9%	10.1%	17.5%	355	108
コンデュイット	12- 23- 18- 306/ 359	3.3%	9.7%	14.8%	60	49
ロージズインメイ	12- 13- 4- 166/ 195	6.2%	12.8%	14.9%	70	64
ショウナンカンプ	12- 10- 5- 153/ 180	6.7%	12.2%	15.0%	95	62
フレンチデピュティ	12- 4- 8- 102/ 126	9.5%	12.7%	19.0%	81	68
バゴ	11- 20- 24- 215/ 270	4.1%	11.5%	20.4%	61	103
カンパニー	11- 17- 9- 197/ 234	4.7%	12.0%	15.8%	43	42
スズカマンボ	11- 13- 14- 167/ 205	5.4%	11.7%	18.5%	144	107
スクリーンヒーロー	11- 12- 10- 211/ 244	4.5%	9.4%	13.5%	52	36
タートルボウル	10- 18- 10- 145/ 183	5.5%	15.3%	20.8%	55	89
サムライハート	10- 16- 16- 243/ 285	3.5%	9.1%	14.7%	55	76
デュランダル	10- 13- 13- 148/ 184	5.4%	12.5%	19.6%	128	111
モンテロッソ	9- 10- 8- 54/ 81	11.1%	23.5%	33.3%	121	79
キングヘイロー	9- 6- 13- 239/ 267	3.4%	5.6%	10.5%	27	50
アイルハヴアナザー	8- 18- 20- 208/ 254	3.1%	10.2%	18.1%	70	114
グラスワンダー	8- 14- 7- 200/ 229	3.5%	9.6%	12.7%	48	54
アドマイヤマックス	8- 7- 11- 107/ 133	6.0%	11.3%	19.5%	115	101
オレハマッテルゼ	8- 6- 8- 68/ 90	8.9%	15.6%	24.4%	120	86
ディープスカイ	8- 6- 7- 111/ 132	6.1%	10.6%	15.9%	123	88
Sea The Stars	7- 12- 5- 27/ 51	13.7%	37.3%	47.1%	45	96
アグネスデジタル	7- 9- 9- 97/ 122	5.7%	13.1%	20.5%	124	65

■ 種牡馬別成績表（Rレベル高一以上　芝・1600万下 — G1）

種牡馬	着別度数	勝率	連対率	複勝率	単勝回収値	複勝回収値
ディープインパクト	108- 97- 110- 740/1055	10.2%	19.4%	29.9%	61	72
ステイゴールド	54- 51- 50- 383/ 538	10.0%	19.5%	28.8%	64	83
キングカメハメハ	46- 51- 45- 406/ 548	8.4%	17.7%	25.9%	69	78
ダイワメジャー	36- 42- 42- 335/ 455	7.9%	17.1%	26.4%	51	71
ハーツクライ	29- 35- 36- 337/ 437	6.6%	14.6%	22.9%	43	58
アドマイヤムーン	29- 23- 21- 208/ 281	10.3%	18.5%	26.0%	72	80
ハービンジャー	27- 19- 14- 177/ 237	11.4%	19.4%	25.3%	77	62
マンハッタンカフェ	17- 18- 14- 219/ 268	6.3%	13.1%	18.3%	56	75
ブラックタイド	14- 8- 8- 92/ 122	11.5%	18.0%	24.6%	65	85
メイショウサムソン	11- 13- 10- 95/ 129	8.5%	18.6%	26.4%	87	92
マツリダゴッホ	10- 8- 13- 85/ 116	8.6%	15.5%	26.7%	59	62
サクラバクシンオー	10- 4- 6- 96/ 116	8.6%	12.1%	17.2%	51	46
クロフネ	9- 10- 6- 85/ 110	8.2%	17.3%	22.7%	105	72
ゼンノロブロイ	9- 9- 8- 115/ 141	6.4%	12.8%	18.4%	56	56
スウェプトオーヴァーボード	9- 2- 7- 46/ 64	14.1%	17.2%	28.1%	217	137
ネオユニヴァース	8- 12- 12- 109/ 141	5.7%	14.2%	22.7%	31	68
スクリーンヒーロー	8- 11- 6- 50/ 75	10.7%	25.3%	33.3%	117	82
シンボリクリスエス	8- 10- 14- 91/ 123	6.5%	14.6%	26.0%	61	78
ロードカナロア	8- 2- 0- 19/ 29	27.6%	34.5%	34.5%	152	70
フジキセキ	7- 8- 3- 61/ 79	8.9%	19.0%	22.8%	116	87
タニノギムレット	6- 5- 7- 65/ 83	7.2%	13.3%	21.7%	163	72
ルーラーシップ	6- 4- 7- 39/ 56	10.7%	17.9%	30.4%	31	54
ジャングルポケット	5- 19- 15- 133/ 172	2.9%	14.0%	22.7%	80	101
ダンスインザダーク	5- 4- 9- 77/ 95	5.3%	9.5%	18.9%	33	55
キングヘイロー	5- 4- 5- 45/ 59	8.5%	15.3%	23.7%	147	106
エンパイアメーカー	5- 4- 3- 34/ 46	10.9%	19.6%	26.1%	92	167
スペシャルウィーク	5- 3- 1- 54/ 63	7.9%	12.7%	14.3%	87	40
タイキシャトル	5- 2- 5- 53/ 65	7.7%	10.8%	18.5%	201	86
Fastnet Rock	5- 1- 2- 23/ 31	16.1%	19.4%	25.8%	42	40
ナカヤマフェスタ	5- 0- 2- 22/ 29	17.2%	17.2%	24.1%	84	52
ヨハネスブルグ	4- 4- 5- 83/ 96	4.2%	8.3%	13.5%	61	93
キンシャサノキセキ	4- 3- 8- 63/ 78	5.1%	9.0%	19.2%	59	52
オレハマッテルゼ	4- 3- 4- 41/ 52	7.7%	13.5%	21.2%	112	80
バゴ	4- 0- 10- 33/ 47	8.5%	8.5%	29.8%	58	98
ゴスホークケン	4- 0- 1- 13/ 18	22.2%	22.2%	27.8%	303	122
ドリームジャーニー	3- 4- 3- 24/ 34	8.8%	20.6%	29.4%	43	82

種牡馬	着別度数	勝率	連対率	複勝率	単勝回収値	複勝回収値
アドマイヤドン	3- 3- 4- 16/ 26	11.5%	23.1%	38.5%	18	88
ファルブラヴ	3- 3- 1- 36/ 43	7.0%	14.0%	16.3%	82	57
スニッツェル	3- 2- 1- 13/ 19	15.8%	26.3%	31.6%	84	82
アグネスデジタル	3- 2- 1- 12/ 18	16.7%	27.8%	33.3%	132	76

■ 種牡馬別成績表（Rレベル高―以上　ダート・未勝利―1000万下）

種牡馬	着別度数	勝率	連対率	複勝率	単勝回収値	複勝回収値
キングカメハメハ	138- 118- 124-1026/1406	9.8%	18.2%	27.0%	87	92
ゴールドアリュール	135- 124- 98-1212/1569	8.6%	16.5%	22.8%	82	70
クロフネ	123- 111- 103- 984/1321	9.3%	17.7%	25.5%	69	64
エンパイアメーカー	99- 120- 117-1039/1375	7.2%	15.9%	24.4%	97	89
ダイワメジャー	81- 67- 68- 815/1031	7.9%	14.4%	21.0%	71	60
キンシャサノキセキ	68- 77- 73- 686/ 904	7.5%	16.0%	24.1%	80	79
ネオユニヴァース	65- 74- 68- 677/ 884	7.4%	15.7%	23.4%	77	86
シンボリクリスエス	64- 68- 65- 717/ 914	7.0%	14.4%	21.6%	64	77
マンハッタンカフェ	62- 60- 59- 521/ 702	8.8%	17.4%	25.8%	59	67
カネヒキリ	62- 42- 52- 577/ 733	8.5%	14.2%	21.3%	80	74
サウスヴィグラス	61- 71- 61- 746/ 939	6.5%	14.1%	20.6%	57	66
パイロ	60- 63- 68- 648/ 839	7.2%	14.7%	22.8%	61	87
ハーツクライ	59- 70- 69- 692/ 890	6.6%	14.5%	22.2%	56	65
ゼンノロブロイ	58- 51- 55- 679/ 843	6.9%	12.9%	19.5%	175	93
カジノドライヴ	46- 37- 37- 319/ 439	10.5%	18.9%	27.3%	96	96
メイショウボーラー	43- 38- 48- 601/ 730	5.9%	11.1%	17.7%	60	71
シニスターミニスター	43- 36- 34- 424/ 537	8.0%	14.7%	21.0%	80	79
ヘニーヒューズ	40- 32- 25- 247/ 344	11.6%	20.9%	28.2%	147	79
ブラックタイド	38- 41- 34- 431/ 544	7.0%	14.5%	20.8%	89	84
アイルハヴアナザー	36- 50- 38- 336/ 460	7.8%	18.7%	27.0%	132	116
アグネスデジタル	35- 42- 40- 372/ 489	7.2%	15.7%	23.9%	72	71
ディープインパクト	35- 41- 42- 411/ 529	6.6%	14.4%	22.3%	70	75
ステイゴールド	35- 36- 32- 371/ 474	7.4%	15.0%	21.7%	88	82
ルーラーシップ	35- 26- 37- 330/ 428	8.2%	14.3%	22.9%	70	68
ロージズインメイ	34- 24- 38- 388/ 484	7.0%	12.0%	19.8%	153	77
ヴァーミリアン	33- 58- 69- 502/ 662	5.0%	13.7%	24.2%	95	84
ファスリエフ	31- 18- 21- 294/ 364	8.5%	13.5%	19.2%	209	111
ヴィクトワールピサ	30- 37- 30- 384/ 481	6.2%	13.9%	20.2%	66	73
プリサイスエンド	30- 30- 27- 479/ 566	5.3%	10.6%	15.4%	104	60
ワークフォース	30- 19- 36- 457/ 542	5.5%	9.0%	15.7%	62	55
ディープスカイ	27- 25- 34- 374/ 460	5.9%	11.3%	18.7%	81	83
スマートファルコン	26- 24- 18- 269/ 337	7.7%	14.8%	20.2%	85	80
メイショウサムソン	23- 29- 24- 343/ 419	5.5%	12.4%	18.1%	94	95
ヨハネスブルグ	23- 27- 38- 255/ 343	6.7%	14.6%	25.7%	45	104
ワイルドラッシュ	22- 20- 24- 254/ 320	6.9%	13.1%	20.6%	179	87
タートルボウル	22- 18- 23- 226/ 289	7.6%	13.8%	21.8%	78	87

[第3章] 自信の本命を打つための活用方法

種牡馬	着別度数	勝率	連対率	複勝率	単勝回収値	複勝回収値
フリオーソ	21- 13- 11- 159/ 204	10.3%	16.7%	22.1%	80	62
ストリートセンス	20- 14- 15- 193/ 242	8.3%	14.0%	20.2%	75	64
オルフェーヴル	19- 21- 8- 118/ 166	11.4%	24.1%	28.9%	48	67
ケイムホーム	19- 17- 18- 265/ 319	6.0%	11.3%	16.9%	139	70
スズカマンボ	18- 25- 23- 352/ 418	4.3%	10.3%	15.8%	37	54
フレンチデピュティ	18- 24- 27- 299/ 368	4.9%	11.4%	18.8%	60	86
スウェプトオーヴァーボード	18- 10- 10- 294/ 332	5.4%	8.4%	11.4%	48	42
ジャングルポケット	16- 18- 24- 327/ 385	4.2%	8.8%	15.1%	41	70
キングヘイロー	16- 16- 19- 263/ 314	5.1%	10.2%	16.2%	62	115
バトルプラン	15- 29- 22- 305/ 371	4.0%	11.9%	17.8%	48	119
タイキシャトル	15- 22- 9- 276/ 322	4.7%	11.5%	14.3%	37	47
スクリーンヒーロー	15- 10- 10- 174/ 209	7.2%	12.0%	16.7%	73	72
ハードスパン	14- 15- 12- 130/ 171	8.2%	17.0%	24.0%	96	82
サマーバード	13- 37- 21- 168/ 239	5.4%	20.9%	29.7%	24	89
タイムパラドックス	13- 19- 16- 239/ 287	4.5%	11.1%	16.7%	59	58
トランセンド	13- 15- 11- 119/ 158	8.2%	17.7%	24.7%	59	80
スタチューオブリバティ	13- 12- 13- 111/ 149	8.7%	16.8%	25.5%	75	88
アポロキングダム	13- 8- 20- 89/ 130	10.0%	16.2%	31.5%	80	106
アドマイヤムーン	12- 21- 20- 267/ 320	3.8%	10.3%	16.6%	37	51
ロードカナロア	12- 18- 14- 128/ 172	7.0%	17.4%	25.6%	47	124
エスポワールシチー	12- 15- 5- 72/ 104	11.5%	26.0%	30.8%	114	77
Tapit	12- 7- 6- 41/ 66	18.2%	28.8%	37.9%	110	82
アルデバラン2	11- 16- 9- 101/ 137	8.0%	19.7%	26.3%	190	75
ローエングリン	11- 14- 10- 169/ 204	5.4%	12.3%	17.2%	52	48
ディープブリランテ	11- 12- 17- 204/ 244	4.5%	9.4%	16.4%	31	44
ホワイトマズル	11- 11- 10- 120/ 152	7.2%	14.5%	21.1%	101	63
ベーカバド	11- 9- 11- 163/ 194	5.7%	10.3%	16.0%	37	78
タニノギムレット	11- 6- 13- 241/ 271	4.1%	6.3%	11.1%	152	55
ハービンジャー	10- 15- 18- 331/ 374	2.7%	6.7%	11.5%	17	57
ストーミングホーム	10- 12- 7- 183/ 212	4.7%	10.4%	13.7%	66	53
ゴールドヘイロー	10- 9- 11- 120/ 150	6.7%	12.7%	20.0%	86	73
ファルブラヴ	10- 7- 8- 136/ 161	6.2%	10.6%	15.5%	57	139

■ 種牡馬別成績表（Rレベル高-以上　ダート・1600万下- G1）

種牡馬	着別度数	勝率	連対率	複勝率	単勝回収値	複勝回収値
キングカメハメハ	32- 34- 38-318/422	7.6%	15.6%	24.6%	78	84
ゴールドアリュール	26- 24- 15-234/299	8.7%	16.7%	21.7%	73	71
クロフネ	22- 25- 18-156/221	10.0%	21.3%	29.4%	64	85
シニスターミニスター	20- 15- 7- 74/116	17.2%	30.2%	36.2%	160	88
サウスヴィグラス	14- 14- 20-166/214	6.5%	13.1%	22.4%	105	89
カネヒキリ	14- 4- 12- 83/113	12.4%	15.9%	26.5%	81	92
ネオユニヴァース	12- 13- 13-133/171	7.0%	14.6%	22.2%	43	54
カジノドライヴ	11- 7- 7- 58/ 83	13.3%	21.7%	30.1%	83	94
ロージズインメイ	10- 3- 10- 74/ 97	10.3%	13.4%	23.7%	188	103
エンパイアメーカー	9- 4- 10- 79/102	8.8%	12.7%	22.5%	55	63
アグネスデジタル	8- 12- 15-144/179	4.5%	11.2%	19.6%	28	69
キンシャサノキセキ	7- 10- 14- 81/112	6.3%	15.2%	27.7%	44	121
プリサイスエンド	7- 6- 10- 58/ 81	8.6%	16.0%	28.4%	188	210
フレンチデピュティ	7- 4- 4- 38/ 53	13.2%	20.8%	28.3%	512	182
ダイワメジャー	6- 12- 5- 81/104	5.8%	17.3%	22.1%	23	52
ヨハネスブルグ	5- 4- 3- 36/ 48	10.4%	18.8%	25.0%	48	48
ディープスカイ	5- 1- 3- 52/ 61	8.2%	9.8%	14.8%	53	68
アドマイヤオーラ	5- 0- 2- 11/ 18	27.8%	27.8%	38.9%	96	61
シンボリクリスエス	4- 7- 8- 69/ 88	4.5%	12.5%	21.6%	45	58
ステイゴールド	4- 5- 4- 81/ 94	4.3%	9.6%	13.8%	41	45
ゼンノロブロイ	4- 5- 3- 51/ 63	6.3%	14.3%	19.0%	76	51
スタチューオブリバティ	4- 5- 3- 57/ 69	5.8%	13.0%	17.4%	342	116
スクリーンヒーロー	4- 4- 3- 27/ 38	10.5%	21.1%	28.9%	217	155
メイショウボーラー	4- 2- 6- 71/ 83	4.8%	7.2%	14.5%	18	46
Langfuhr	4- 0- 1- 4/ 9	44.4%	44.4%	55.6%	155	83
ヴァーミリアン	3- 8- 3- 46/ 60	5.0%	18.3%	23.3%	97	82
パイロ	3- 7- 13- 71/ 94	3.2%	10.6%	24.5%	17	122
フリオーソ	3- 4- 0- 12/ 19	15.8%	36.8%	36.8%	159	78
フォーティナイナーズサン	3- 3- 6- 26/ 38	7.9%	15.8%	31.6%	82	73
ブラックタイド	3- 3- 5- 43/ 54	5.6%	11.1%	20.4%	157	123
アドマイヤマックス	3- 3- 4- 36/ 46	6.5%	13.0%	21.7%	65	52
マンハッタンカフェ	3- 2- 5- 54/ 64	4.7%	7.8%	15.6%	26	99
ウォーエンブレム	3- 2- 5- 39/ 49	6.1%	10.2%	20.4%	29	122
Smart Strike	3- 2- 3- 14/ 22	13.6%	22.7%	36.4%	93	111
Macho Uno	3- 2- 1- 7/ 13	23.1%	38.5%	46.2%	58	87
Giant's Causeway	3- 1- 3- 7/ 14	21.4%	28.6%	50.0%	325	168

種牡馬	着別度数	勝率	連対率	複勝率	単勝回収値	複勝回収値
ケイムホーム	3- 1- 2- 50/ 56	5.4%	7.1%	10.7%	83	51
Roman Ruler	3- 1- 0- 8/ 12	25.0%	33.3%	33.3%	207	85
Speightstown	3- 1- 0- 6/ 10	30.0%	40.0%	40.0%	160	82
トーセンブライト	3- 1- 0- 1/ 5	60.0%	80.0%	80.0%	148	106
Henny Hughes	3- 0- 0- 6/ 9	33.3%	33.3%	33.3%	152	65
Spring At Last	3- 0- 0- 1/ 4	75.0%	75.0%	75.0%	182	107

■ 種牡馬別成績表（Rレベル普通以下　芝・未勝利－1000万下）

種牡馬	着別度数	勝率	連対率	複勝率	単勝回収値	複勝回収値
ディープインパクト	91- 83- 54-403/631	14.4%	27.6%	36.1%	67	70
ダイワメジャー	53- 63- 50-392/558	9.5%	20.8%	29.7%	79	75
ハーツクライ	52- 46- 42-302/442	11.8%	22.2%	31.7%	86	80
ハービンジャー	44- 39- 34-278/395	11.1%	21.0%	29.6%	66	87
ステイゴールド	42- 38- 39-338/457	9.2%	17.5%	26.0%	67	73
ロードカナロア	31- 27- 23-114/195	15.9%	29.7%	41.5%	103	95
ルーラーシップ	29- 31- 32-193/285	10.2%	21.1%	32.3%	48	71
ヴィクトワールピサ	29- 19- 26-165/239	12.1%	20.1%	31.0%	103	74
キングカメハメハ	25- 29- 32-234/320	7.8%	16.9%	26.9%	42	66
キンシャサノキセキ	25- 20- 25-288/358	7.0%	12.6%	19.6%	47	64
マンハッタンカフェ	24- 30- 21-195/270	8.9%	20.0%	27.8%	63	69
ディープブリランテ	21- 18- 21-159/219	9.6%	17.8%	27.4%	98	79
マツリダゴッホ	21- 13- 16-304/354	5.9%	9.6%	14.1%	62	42
ヨハネスブルグ	19- 9- 5-115/148	12.8%	18.9%	22.3%	116	65
アドマイヤムーン	18- 17- 18-235/288	6.3%	12.2%	18.4%	70	56
ブラックタイド	17- 19- 22-227/285	6.0%	12.6%	20.4%	69	80
タイキシャトル	17- 12- 17-159/205	8.3%	14.1%	22.4%	147	80
ゼンノロブロイ	16- 16- 20-195/247	6.5%	13.0%	21.1%	81	95
ローエングリン	15- 12- 10-132/169	8.9%	16.0%	21.9%	71	64
クロフネ	13- 11- 11-152/187	7.0%	12.8%	18.7%	39	47
エイシンフラッシュ	13- 7- 11-130/161	8.1%	12.4%	19.3%	78	80
ワークフォース	12- 16- 12-141/181	6.6%	15.5%	22.1%	45	119
ダノンシャンティ	11- 21- 11-150/193	5.7%	16.6%	22.3%	64	71
ジャングルポケット	11- 16- 12-194/233	4.7%	11.6%	16.7%	47	68
キングズベスト	11- 13- 11-187/222	5.0%	10.8%	15.8%	83	49
オルフェーヴル	11- 13- 10-110/144	7.6%	16.7%	23.6%	92	79
コンデュイット	11- 8- 5-100/124	8.9%	15.3%	19.4%	114	59
スクリーンヒーロー	10- 10- 17-127/164	6.1%	12.2%	22.6%	44	75
ノヴェリスト	10- 9- 12- 79/110	9.1%	17.3%	28.2%	84	78
ショウナンカンプ	10- 9- 10- 99/128	7.8%	14.8%	22.7%	70	140
シンボリクリスエス	9- 14- 5-180/208	4.3%	11.1%	13.5%	20	27
ネオユニヴァース	9- 11- 18-172/210	4.3%	9.5%	18.1%	84	86
バゴ	9- 8- 9- 93/119	7.6%	14.3%	21.8%	191	78
アドマイヤマックス	9- 3- 7- 97/116	7.8%	10.3%	16.4%	64	51
ベーカバド	8- 19- 10-129/166	4.8%	16.3%	22.3%	56	74
リーチザクラウン	8- 6- 7- 77/ 98	8.2%	14.3%	21.4%	62	61
メイショウボーラー	7- 11- 10-180/208	3.4%	8.7%	13.5%	32	47

[第3章] 自信の本命を打つための活用方法

種牡馬	着別度数	勝率	連対率	複勝率	単勝回収値	複勝回収値
スウェプトオーヴァーボード	7- 6- 4-121/138	5.1%	9.4%	12.3%	59	35
エンパイアメーカー	7- 5- 7- 97/116	6.0%	10.3%	16.4%	32	68
タニノギムレット	6- 11- 6-135/158	3.8%	10.8%	14.6%	46	46
Smart Strike	6- 0- 1- 6/ 13	46.2%	46.2%	53.8%	1326	350
アイルハヴアナザー	5- 8- 10-121/144	3.5%	9.0%	16.0%	29	44
カンパニー	5- 6- 6- 61/ 78	6.4%	14.1%	21.8%	247	90
スズカマンボ	5- 6- 4- 79/ 94	5.3%	11.7%	16.0%	46	41
キングヘイロー	5- 6- 3-130/144	3.5%	7.6%	9.7%	107	91
ナカヤマフェスタ	5- 5- 11-116/137	3.6%	7.3%	15.3%	57	65
グラスワンダー	5- 5- 4-109/123	4.1%	8.1%	11.4%	31	32
アルデバラン2	5- 5- 3- 56/ 69	7.2%	14.5%	18.8%	100	99
ケイムホーム	5- 4- 8- 92/109	4.6%	8.3%	15.6%	106	101
トビーズコーナー	5- 2- 4- 45/ 56	8.9%	12.5%	19.6%	168	78
アドマイヤコジーン	5- 1- 1- 33/ 40	12.5%	15.0%	17.5%	245	75
トーセンホマレボシ	4- 13- 8-107/132	3.0%	12.9%	18.9%	47	62
ドリームジャーニー	4- 9- 11- 96/120	3.3%	10.8%	20.0%	31	86
フレンチデピュティ	4- 6- 9- 36/ 55	7.3%	18.2%	34.5%	162	148
サムライハート	4- 5- 14- 80/103	3.9%	8.7%	22.3%	170	134
ゴールドアリュール	4- 5- 2- 78/ 89	4.5%	10.1%	12.4%	87	34
タートルボウル	4- 3- 5- 70/ 82	4.9%	8.5%	14.6%	124	49
アドマイヤオーラ	4- 3- 4- 32/ 43	9.3%	16.3%	25.6%	66	67
スズカフェニックス	4- 3- 1- 52/ 60	6.7%	11.7%	13.3%	43	39
パイロ	4- 2- 3-109/118	3.4%	5.1%	7.6%	106	32
ヴァーミリアン	4- 2- 2- 76/ 84	4.8%	7.1%	9.5%	380	88
プリサイスエンド	4- 2- 1- 56/ 63	6.3%	9.5%	11.1%	46	33
ローズキングダム	4- 1- 8- 38/ 51	7.8%	9.8%	25.5%	48	150
コマンズ	4- 1- 1- 8/ 14	28.6%	35.7%	42.9%	166	107
ブレイクランアウト	4- 0- 2- 12/ 18	22.2%	22.2%	33.3%	232	65
メイショウサムソン	3- 11- 5-114/133	2.3%	10.5%	14.3%	5	42
ファルブラヴ	3- 5- 5- 76/ 89	3.4%	9.0%	14.6%	14	68
ストロングリターン	3- 4- 7- 45/ 59	5.1%	11.9%	23.7%	19	62
ローレルゲレイロ	3- 4- 4- 37/ 48	6.3%	14.6%	22.9%	68	90
サクラバクシンオー	3- 4- 2- 47/ 56	5.4%	12.5%	16.1%	35	28
ダンスインザダーク	3- 1- 5- 28/ 37	8.1%	10.8%	24.3%	207	91
アッミラーレ	3- 1- 2- 24/ 30	10.0%	13.3%	20.0%	73	67
Frankel	3- 1- 0- 9/ 13	23.1%	30.8%	30.8%	81	46
ジョーカプチーノ	3- 0- 0- 6/ 9	33.3%	33.3%	33.3%	105	52
オウケンブルースリ	3- 0- 0- 15/ 18	16.7%	16.7%	16.7%	45	21

■ 種牡馬別成績表（Rレベル普通以下　芝・1600万下- G1）

種牡馬	着別度数	勝率	連対率	複勝率	単勝回収値	複勝回収値
ディープインパクト	37- 25- 29-179/270	13.7%	23.0%	33.7%	73	77
ハーツクライ	16- 17- 10- 94/137	11.7%	24.1%	31.4%	109	86
ダイワメジャー	16- 11- 19-125/171	9.4%	15.8%	26.9%	95	80
キングカメハメハ	12- 9- 12- 83/116	10.3%	18.1%	28.4%	117	101
ハービンジャー	11- 13- 18- 65/107	10.3%	22.4%	39.3%	137	105
ロードカナロア	11- 4- 2- 41/ 58	19.0%	25.9%	29.3%	45	56
マンハッタンカフェ	9- 10- 8- 66/ 93	9.7%	20.4%	29.0%	71	80
アドマイヤムーン	9- 8- 4- 41/ 62	14.5%	27.4%	33.9%	67	95
ステイゴールド	8- 9- 15- 90/122	6.6%	13.9%	26.2%	40	82
ルーラーシップ	7- 8- 9- 38/ 62	11.3%	24.2%	38.7%	41	107
Frankel	6- 0- 2- 8/ 16	37.5%	37.5%	50.0%	80	53
オルフェーヴル	5- 3- 1- 11/ 20	25.0%	40.0%	45.0%	139	77
ヨハネスブルグ	5- 1- 3- 27/ 36	13.9%	16.7%	25.0%	118	66
ブラックタイド	4- 5- 4- 43/ 56	7.1%	16.1%	23.2%	87	97
ヴィクトワールピサ	3- 9- 1- 49/ 62	4.8%	19.4%	21.0%	23	50
スクリーンヒーロー	3- 4- 2- 26/ 35	8.6%	20.0%	25.7%	46	61
ゼンノロブロイ	3- 4- 1- 28/ 36	8.3%	19.4%	22.2%	83	59
クロフネ	3- 2- 4- 41/ 50	6.0%	10.0%	18.0%	52	47
サクラバクシンオー	3- 2- 1- 23/ 29	10.3%	17.2%	20.7%	141	54
Speightstown	3- 2- 0- 5/ 10	30.0%	50.0%	50.0%	119	180
キングヘイロー	3- 0- 0- 11/ 14	21.4%	21.4%	21.4%	112	42
マツリダゴッホ	2- 6- 4- 34/ 46	4.3%	17.4%	26.1%	33	69
キンシャサノキセキ	2- 4- 6- 50/ 62	3.2%	9.7%	19.4%	7	49
ネオユニヴァース	2- 4- 2- 38/ 46	4.3%	13.0%	17.4%	31	56
バゴ	2- 4- 0- 20/ 26	7.7%	23.1%	23.1%	23	95
アドマイヤマックス	2- 3- 2- 16/ 23	8.7%	21.7%	30.4%	26	112
ジャングルポケット	2- 3- 1- 37/ 43	4.7%	11.6%	14.0%	19	26
ジョーカプチーノ	2- 2- 0- 6/ 10	20.0%	40.0%	40.0%	563	127
ローエングリン	2- 1- 5- 32/ 40	5.0%	7.5%	20.0%	25	47
アルデバラン2	2- 1- 2- 10/ 15	13.3%	20.0%	33.3%	262	187
ダノンシャンティ	2- 1- 0- 22/ 25	8.0%	12.0%	12.0%	14	23
エンパイアメーカー	2- 0- 2- 21/ 25	8.0%	8.0%	16.0%	144	63
ディープブリランテ	2- 0- 1- 41/ 44	4.5%	4.5%	6.8%	21	12
ストーミングホーム	2- 0- 1- 13/ 16	12.5%	12.5%	18.8%	458	91
ブライアンズタイム	2- 0- 0- 10/ 12	16.7%	16.7%	16.7%	132	37
メイショウサムソン	1- 3- 3- 32/ 39	2.6%	10.3%	17.9%	11	42

[第3章] 自信の本命を打つための活用方法

■ 種牡馬別成績表（Rレベル普通以下　ダート・未勝利−1000万下）①

種牡馬	着別度数	勝率	連対率	複勝率	単勝回収値	複勝回収値
サウスヴィグラス	72- 51- 51-480/654	11.0%	18.8%	26.6%	107	98
ゴールドアリュール	56- 55- 39-479/629	8.9%	17.6%	23.8%	65	70
エンパイアメーカー	51- 40- 42-431/564	9.0%	16.1%	23.6%	90	80
キングカメハメハ	51- 38- 29-266/384	13.3%	23.2%	30.7%	101	91
キンシャサノキセキ	48- 51- 28-326/453	10.6%	21.9%	28.0%	60	68
ダイワメジャー	45- 34- 37-366/482	9.3%	16.4%	24.1%	80	61
クロフネ	42- 37- 55-418/552	7.6%	14.3%	24.3%	46	62
パイロ	28- 25- 27-308/388	7.2%	13.7%	20.6%	31	51
メイショウボーラー	27- 28- 34-379/468	5.8%	11.8%	19.0%	65	87
ヘニーヒューズ	27- 25- 26-158/236	11.4%	22.0%	33.1%	119	108
ブラックタイド	27- 22- 18-222/289	9.3%	17.0%	23.2%	105	75
カネヒキリ	27- 21- 24-270/342	7.9%	14.0%	21.1%	66	60
シニスターミニスター	25- 24- 13-227/289	8.7%	17.0%	21.5%	124	72
マンハッタンカフェ	25- 13- 19-188/245	10.2%	15.5%	23.3%	125	70
カジノドライヴ	25- 12- 14-133/184	13.6%	20.1%	27.7%	122	134
ネオユニヴァース	22- 22- 27-238/309	7.1%	14.2%	23.0%	58	67
ハーツクライ	21- 27- 21-226/295	7.1%	16.3%	23.4%	47	59
アイルハヴアナザー	21- 18- 29-234/302	7.0%	12.9%	22.5%	74	86
シンボリクリスエス	20- 30- 31-340/421	4.8%	11.9%	19.2%	34	56
ロージズインメイ	19- 9- 21-234/283	6.7%	9.9%	17.3%	92	64
プリサイスエンド	18- 21- 21-207/267	6.7%	14.6%	22.5%	127	82
ヴァーミリアン	17- 24- 10-271/322	5.3%	12.7%	15.8%	27	49
ヨハネスブルグ	17- 16- 27-176/236	7.2%	14.0%	25.4%	66	122
アグネスデジタル	16- 17- 15-136/184	8.7%	17.9%	26.1%	85	104
ルーラーシップ	15- 15- 7-140/177	8.5%	16.9%	20.9%	80	61
スウェプトオーヴァーボード	15- 12- 19-221/267	5.6%	10.1%	17.2%	30	74
ゼンノロブロイ	14- 17- 26-229/286	4.9%	10.8%	19.9%	26	76
フリオーソ	14- 10- 7-120/151	9.3%	15.9%	20.5%	71	83
ディープスカイ	14- 9- 10-145/178	7.9%	12.9%	18.5%	193	97
ディープインパクト	13- 10- 10- 87/120	10.8%	19.2%	27.5%	45	81
トランセンド	13- 7- 6- 54/ 80	16.3%	25.0%	32.5%	255	125
ヴィクトワールピサ	12- 18- 13-166/209	5.7%	14.4%	20.6%	79	68
ファスリエフ	12- 16- 14-188/230	5.2%	12.2%	18.3%	105	76
スマートファルコン	12- 13- 13-152/190	6.3%	13.2%	20.0%	46	102
ロードカナロア	12- 11- 12- 79/114	10.5%	20.2%	30.7%	108	75
ストリートセンス	12- 8- 6- 68/ 94	12.8%	21.3%	27.7%	66	56

107

■ 種牡馬別成績表（Rレベル普通以下　ダート・未勝利−1000万下）②

種牡馬	着別度数	勝率	連対率	複勝率	単勝回収値	複勝回収値
タートルボウル	11- 17- 17-136/181	6.1%	15.5%	24.9%	26	109
サマーバード	11- 11- 8- 80/110	10.0%	20.0%	27.3%	33	100
アドマイヤムーン	11- 10- 13-162/196	5.6%	10.7%	17.3%	68	83
ダノンシャンティ	10- 8- 7-116/141	7.1%	12.8%	17.7%	61	55
ハードスパン	10- 7- 4- 76/ 97	10.3%	17.5%	21.6%	229	76
ディープブリランテ	9- 16- 9-112/146	6.2%	17.1%	23.3%	76	80
スクリーンヒーロー	9- 13- 9- 89/120	7.5%	18.3%	25.8%	50	81
ワークフォース	9- 11- 14-232/266	3.4%	7.5%	12.8%	53	43
ケイムホーム	9- 11- 13-183/216	4.2%	9.3%	15.3%	86	52
タイキシャトル	9- 8- 10-196/223	4.0%	7.6%	12.1%	31	30
サムライハート	9- 8- 6- 97/120	7.5%	14.2%	19.2%	58	53
ショウナンカンプ	9- 4- 4-103/120	7.5%	10.8%	14.2%	68	39
アドマイヤオーラ	9- 2- 7- 54/ 72	12.5%	15.3%	25.0%	112	71
オルフェーヴル	8- 16- 12- 57/ 93	8.6%	25.8%	38.7%	34	92
ゴールドヘイロー	8- 10- 14- 61/ 93	8.6%	19.4%	34.4%	27	141
フレンチデピュティ	7- 12- 14-155/188	3.7%	10.1%	17.6%	16	58
ベーカバド	7- 11- 8-119/145	4.8%	12.4%	17.9%	169	84
トビーズコーナー	7- 11- 2- 72/ 92	7.6%	19.6%	21.7%	77	83
マツリダゴッホ	7- 10- 3-131/151	4.6%	11.3%	13.2%	53	34
トーセンホマレボシ	7- 8- 9-119/143	4.9%	10.5%	16.8%	104	48
メイショウサムソン	7- 8- 5-142/162	4.3%	9.3%	12.3%	73	60
スズカマンボ	7- 6- 18-131/162	4.3%	8.0%	19.1%	58	68
バトルプラン	6- 14- 12-107/139	4.3%	14.4%	23.0%	25	146
ローエングリン	6- 8- 11-118/143	4.2%	9.8%	17.5%	109	96
タイムパラドックス	6- 6- 10-113/135	4.4%	8.9%	16.3%	19	40
アポロキングダム	6- 6- 6- 37/ 55	10.9%	21.8%	32.7%	286	124
ノボジャック	6- 4- 8- 54/ 72	8.3%	13.9%	25.0%	30	115
エスポワールシチー	6- 4- 6- 49/ 65	9.2%	15.4%	24.6%	94	62
Smart Strike	6- 2- 1- 15/ 24	25.0%	33.3%	37.5%	78	60
キングヘイロー	5- 15- 9-168/197	2.5%	10.2%	14.7%	21	61
ステイゴールド	5- 8- 9- 95/117	4.3%	11.1%	18.8%	17	75
キングズベスト	5- 5- 5-196/211	2.4%	4.7%	7.1%	8	14
デュランダル	5- 5- 5- 61/ 76	6.6%	13.2%	19.7%	44	51
ナカヤマフェスタ	5- 5- 1-109/120	4.2%	8.3%	9.2%	22	22
スターリングローズ	5- 3- 6-128/142	3.5%	5.6%	9.9%	109	63
アルデバラン2	5- 3- 3- 61/ 72	6.9%	11.1%	15.3%	167	91

■ 種牡馬別成績表（Rレベル普通以下　ダート・未勝利−1000万下）③

種牡馬	着別度数	勝率	連対率	複勝率	単勝回収値	複勝回収値
ダンカーク	5- 0- 3- 27/ 35	14.3%	14.3%	22.9%	66	129
ハービンジャー	4- 7- 16-120/147	2.7%	7.5%	18.4%	13	75
スタチューオブリバティ	4- 7- 7- 64/ 82	4.9%	13.4%	22.0%	23	130
フォーティナイナーズサン	4- 7- 6- 50/ 67	6.0%	16.4%	25.4%	52	162
ストーミングホーム	4- 5- 5- 57/ 71	5.6%	12.7%	19.7%	47	57
グラスワンダー	4- 4- 6- 98/112	3.6%	7.1%	12.5%	114	40
ロードアルティマ	4- 3- 7- 69/ 83	4.8%	8.4%	16.9%	46	54
ソングオブウインド	4- 3- 5- 28/ 40	10.0%	17.5%	30.0%	78	116
フジキセキ	4- 3- 2- 22/ 31	12.9%	22.6%	29.0%	263	105
ジャングルポケット	4- 2- 5-135/146	2.7%	4.1%	7.5%	205	32
バンブーエール	4- 2- 0- 18/ 24	16.7%	25.0%	25.0%	251	114
カルストンライトオ	4- 1- 2- 5/ 12	33.3%	41.7%	58.3%	221	135
ワイルドラッシュ	3- 11- 6- 85/105	2.9%	13.3%	19.0%	19	45
タニノギムレット	3- 6- 7-162/178	1.7%	5.1%	9.0%	26	63
エイシンフラッシュ	3- 5- 1- 73/ 82	3.7%	9.8%	11.0%	102	42
キャプテントゥーレ	3- 4- 7- 56/ 70	4.3%	10.0%	20.0%	782	322
ストロングリターン	3- 4- 3- 52/ 62	4.8%	11.3%	16.1%	41	39
サクラバクシンオー	3- 4- 2- 31/ 40	7.5%	17.5%	22.5%	31	43
ダンスインザダーク	3- 4- 1- 59/ 67	4.5%	10.4%	11.9%	92	29
Speightstown	3- 4- 1- 10/ 18	16.7%	38.9%	44.4%	45	70
カンパニー	3- 3- 6- 68/ 80	3.8%	7.5%	15.0%	8	39
スペシャルウィーク	3- 3- 4- 38/ 48	6.3%	12.5%	20.8%	214	92
ホワイトマズル	3- 3- 4- 51/ 61	4.9%	9.8%	16.4%	50	90
スウィフトカレント	3- 3- 3- 46/ 55	5.5%	10.9%	16.4%	28	35
スズカフェニックス	3- 3- 3- 53/ 62	4.8%	9.7%	14.5%	78	130
ドリームジャーニー	3- 2- 2- 67/ 74	4.1%	6.8%	9.5%	10	29
スズカコーズウェイ	3- 2- 1- 17/ 23	13.0%	21.7%	26.1%	36	58
Scat Daddy	3- 2- 1- 6/ 12	25.0%	41.7%	50.0%	52	66
Bernardini	3- 2- 0- 8/ 13	23.1%	38.5%	38.5%	39	43
Street Sense	3- 1- 0- 5/ 9	33.3%	44.4%	44.4%	992	327
コマンズ	3- 0- 2- 19/ 24	12.5%	12.5%	20.8%	121	50

■ 種牡馬別成績表（Rレベル普通以下　ダート・1600万下－G1）

種牡馬	着別度数	勝率	連対率	複勝率	単勝回収値	複勝回収値
マンハッタンカフェ	3- 0- 0- 5/ 8	37.5%	37.5%	37.5%	473	108
ネオユニヴァース	2- 1- 0-11/14	14.3%	21.4%	21.4%	118	110
Street Sense	2- 1- 0- 0/ 3	66.7%	100.0%	100.0%	416	183
ワークフォース	2- 0- 0- 0/ 2	100.0%	100.0%	100.0%	335	135
キングカメハメハ	1- 2- 3-16/22	4.5%	13.6%	27.3%	16	49
ゴールドアリュール	1- 1- 4-17/23	4.3%	8.7%	26.1%	27	108
ノボジャック	1- 1- 2- 0/ 4	25.0%	50.0%	100.0%	45	177
アグネスデジタル	1- 1- 0- 8/10	10.0%	20.0%	20.0%	144	73
シニスターミニスター	1- 1- 0- 9/11	9.1%	18.2%	18.2%	569	162
フレンチデピュティ	1- 0- 2- 2/ 5	20.0%	20.0%	60.0%	32	114
メイショウボーラー	1- 0- 1-15/17	5.9%	5.9%	11.8%	21	20
エンパイアメーカー	1- 0- 1- 2/ 4	25.0%	25.0%	50.0%	60	62
パイロ	1- 0- 0- 5/ 6	16.7%	16.7%	16.7%	45	21
カジノドライヴ	1- 0- 0- 5/ 6	16.7%	16.7%	16.7%	103	31
ウォーエンブレム	1- 0- 0- 5/ 6	16.7%	16.7%	16.7%	63	30
ヘニーヒューズ	1- 0- 0- 4/ 5	20.0%	20.0%	20.0%	306	80
スウェプトオーヴァーボード	1- 0- 0- 1/ 2	50.0%	50.0%	50.0%	730	125
ショウナンカンプ	1- 0- 0- 1/ 2	50.0%	50.0%	50.0%	310	110
Smart Strike	1- 0- 0- 1/ 2	50.0%	50.0%	50.0%	115	60
Midnight Lute	1- 0- 0- 1/ 2	50.0%	50.0%	50.0%	980	160
テイエムオペラオー	1- 0- 0- 0/ 1	100.0%	100.0%	100.0%	3120	530
ダノンシャンティ	1- 0- 0- 0/ 1	100.0%	100.0%	100.0%	440	170
ソングオブウインド	1- 0- 0- 0/ 1	100.0%	100.0%	100.0%	3740	710
グラスワンダー	1- 0- 0- 0/ 1	100.0%	100.0%	100.0%	940	310
アサクサキングス	1- 0- 0- 0/ 1	100.0%	100.0%	100.0%	680	190
To Honor and Serve	1- 0- 0- 0/ 1	100.0%	100.0%	100.0%	300	130
Elusive Quality	1- 0- 0- 0/ 1	100.0%	100.0%	100.0%	700	260
クロフネ	0- 4- 3- 7/14	0.0%	28.6%	50.0%	0	167
サウスヴィグラス	0- 4- 1-30/35	0.0%	11.4%	14.3%	0	34

競馬ファンはレースの波乱度判定に四苦八苦する

　ここまでは私がどのようにしてミリオンダラー馬券術を作るまでに至ったかという話や競馬ブックレイティングの癖とそれからなるミリオンダラー馬券術の仕組み、そしてそのミリオンダラー馬券術をどのように活用していくのか？という内容を掲載してまいりました。ここまでは過去に発売したミリオンダラー馬券術2冊を踏襲しつつ現時点の競馬で効果的なものを掲載しておりますが、本書には「クアッドエー」というサブタイトルがついています。これが本書で初公開する新しいロジックであり、ミリオンダラー馬券術をより強固なものにしていくことに繋がる物となります。

　競馬ファンが予想をする時というのは様々な手順がありそれは十人十色というところですが、多くの競馬ファンに共通することとして「このレースは荒れるのか？それとも堅いのか？」という全体像をイメージすると思います。

　例えば1頭ずば抜けた実績の馬がいるなら「堅い」と考えてみたり、オッズが割れて一桁オッズの馬が7頭もいるようなレースなら「荒れる」というようにです。

　しかしこの堅いと荒れるという感覚でレースを見るのは簡単ではありません。仮に1番人気1.1倍の馬がいるレースはかなりの高確率でその馬が勝利しますが、配当的に大波乱を起こすのは抜けた人気馬が負けたレースとなりますし、混戦でオッズが割れているレースでは2桁人気が2頭馬券内に来たところで配当はほどほどということも珍しくありません。

　2018年11月25日のベゴニア賞では8頭立てでルガールカルムが1.4倍の支持でしたが6着に惨敗して3・5・2番人気の決着でも、3連単は40,510円も付きました。

　一方で2015年5月23日の新潟未勝利戦では一桁オッズが7頭いるなかで7番人気オーサムレジェンドが勝利して2・3着は4・3番人気、1番人気が馬券外になりましたが57,440円しか付きませんでした。もちろんズバリ波乱の予想が当たることもありますが、その目安になるものというのは意外と少ないですし主観があまり入らずに簡単に参考にすることができる目安を持っていない人の方が多いのではないかと思います。

　さて、そこで出てくるのがクアッドエーというロジックです。これには競馬ブックの予想オッズを利用するのですが、基本的にミリオンダラー馬券術

[第4章] ミリオンダラーAAAA（クアッドエー）

を利用している人は競馬ブックなり競馬道OnLineのデータ配信を受けている人が多いことになりますので、自然と競馬ブックの予想オッズが手元にあるという環境になっていると思います。この競馬ブックの予想オッズは……正直に言うと実際のオッズとかけ離れていることも多々ありまして、競馬初心者時代から参考にはしていたのですが、実オッズの予想という目線で考えると今ひとつという印象になってしまいます。

　しかし発想の転換は素晴らしい結果に結びつくこともあります。私はこれを10年ほど前から「競馬ブックの予想オッズとは1つの指数である」という見方をするようになりました。予想オッズが2.0倍は2という指数であるという考え方です。そして、これが成立するのかどうかという点はミリオンダラー馬券術と同じような考え方・応用で競馬ブック予想オッズ1位、2位、3位とどのような数値になっているのか、数値によって成績の差はあるのか、そしてどのような平均値になっているのか？ということを調べていきました。

　まずは競馬ブック予想オッズ1位の数値を表にまとめました。（P114）

　最も低い数値は1.6倍、最も高い数値は6.2倍となっており、そして100%順序通りではありませんが、数値が低いほど勝率が高く、数値が高いほど勝率が低いことがわかります。これらのデータを集計していくことで、競馬ブック予想オッズの1位は数値がいくつなら信頼できる、2位なら、3位なら……と調べつつ、また基準となるシキイを作ることで基準以上と以下という区切りをつけて分析を開始しました。それからは、何をどのように扱えば簡単で効果的な馬券活用法になるのだろう？とトライ・アンド・エラーを繰り返したことで、1つの定義が完成しました。

　競馬ブック予想オッズの上位4位までをそれぞれAとBの2つのパターンに分けて16通りのレース区分＋どれにも属さない1通りのパターンを作り、それぞれのレースを検証してみたところ、かなり効果的なレース判定に使えることがわかったのです。この判定方法を新たなミリオンダラー馬券術の仲間として加えて、これまでのミリオンダラー馬券術になかった方法をご紹介したいと思います。

■ 予想オッズ1位の数値の成績

予想オッズ	着別度数	勝率	連対率	複勝率	単勝回収値	複勝回収値	平均単勝オッズ
1.6	2- 0- 0- 0/ 2	100.0%	100.0%	100.0%	130	110	1.3
1.7	1- 1- 0- 0/ 2	50.0%	100.0%	100.0%	55	100	1.1
1.8	5- 3- 0- 0/ 8	62.5%	100.0%	100.0%	80	106	1.3
1.9	12- 7- 1- 0/ 20	60.0%	95.0%	100.0%	71	106	1.3
2.0	33- 6- 4- 8/ 51	64.7%	76.5%	84.3%	88	87	1.4
2.1	59- 20- 18- 11/108	54.6%	73.1%	89.8%	83	93	1.5
2.2	110- 38- 16- 17/181	60.8%	81.8%	90.6%	96	98	1.6
2.3	113- 67- 34- 43/257	44.0%	70.0%	83.3%	72	91	1.7
2.4	150- 75- 36- 73/334	44.9%	67.4%	78.1%	79	87	1.8
2.5	197-103- 63-102/465	42.4%	64.5%	78.1%	80	89	2.0
2.6	226-111- 85-133/555	40.7%	60.7%	76.0%	79	87	2.1
2.7	263-130- 80-154/627	41.9%	62.7%	75.4%	88	89	2.2
2.8	253-150- 93-235/731	34.6%	55.1%	67.9%	74	82	2.4
2.9	244-142- 89-252/727	33.6%	53.1%	65.3%	77	81	2.5
3.0	232-132- 94-236/694	33.4%	52.4%	66.0%	82	84	2.6
3.1	226-137- 95-272/730	31.0%	49.7%	62.7%	81	82	2.8
3.2	185-128- 80-245/638	29.0%	49.1%	61.6%	78	83	2.9
3.3	180-110- 80-257/627	28.7%	46.3%	59.0%	82	82	3.1
3.4	153- 99- 83-222/557	27.5%	45.2%	60.1%	82	84	3.2
3.5	122- 94- 70-253/539	22.6%	40.1%	53.1%	70	76	3.4
3.6	101- 73- 71-212/457	22.1%	38.1%	53.6%	72	81	3.6
3.7	88- 63- 51-181/383	23.0%	39.4%	52.7%	79	81	3.6
3.8	78- 62- 52-171/363	21.5%	38.6%	52.9%	76	82	3.8
3.9	64- 51- 26-143/284	22.5%	40.5%	49.6%	81	78	4.0
4.0	41- 26- 24-127/218	18.8%	30.7%	41.7%	71	67	4.1
4.1	32- 41- 33- 99/205	15.6%	35.6%	51.7%	58	83	4.2
4.2	34- 32- 27- 93/186	18.3%	35.5%	50.0%	68	82	4.4
4.3	37- 24- 16- 82/159	23.3%	38.4%	48.4%	91	84	4.5
4.4	21- 13- 14- 71/119	17.6%	28.6%	40.3%	75	69	4.5
4.5	13- 13- 9- 58/ 93	14.0%	28.0%	37.6%	57	65	4.8
4.6	13- 8- 6- 48/ 75	17.3%	28.0%	36.0%	69	63	4.7
4.7	10- 8- 10- 36/ 64	15.6%	28.1%	43.8%	79	86	5.4
4.8	4- 7- 6- 35/ 52	7.7%	21.2%	32.7%	31	60	4.9
4.9	5- 2- 5- 22/ 34	14.7%	20.6%	35.3%	75	62	5.7
5.0	4- 5- 1- 19/ 29	13.8%	31.0%	34.5%	60	73	5.1
5.1	3- 3- 2- 13/ 21	14.3%	28.6%	38.1%	60	88	5.8

[第4章] ミリオンダラー AAAA（クアッドエー）

予想オッズ	着別度数	勝率	連対率	複勝率	単勝回収値	複勝回収値	平均単勝オッズ
5.2	1- 3- 1- 14/ 19	5.3%	21.1%	26.3%	53	55	5.8
5.3	0- 5- 3- 10/ 18	0.0%	27.8%	44.4%	0	96	7.6
5.4	1- 0- 1- 6/ 8	12.5%	12.5%	25.0%	147	63	6.2
5.5	0- 1- 0- 0/ 1	0.0%	100.0%	100.0%	0	270	5.9
5.6	0- 0- 1- 1/ 2	0.0%	0.0%	50.0%	0	100	6.6
5.7	1- 0- 1- 5/ 7	14.3%	14.3%	28.6%	40	60	6.3
5.8	1- 0- 0- 3/ 4	25.0%	25.0%	25.0%	132	42	9.2
5.9	0- 1- 0- 1/ 2	0.0%	50.0%	50.0%	0	85	4.7
6.1	2- 0- 1- 1/ 4	50.0%	50.0%	75.0%	330	225	6.8
6.2	0- 1- 0- 1/ 2	0.0%	50.0%	50.0%	0	80	10.1

レースを16種類に分類する方法

このレース判定方法はミリオンダラー馬券術のRレベルを計算するよりも遥かに簡単な方法となっています。競馬ブックの予想オッズ1・2・3・4位の数値（予想オッズ値）を確認して掲載してある表を参考にAとBに分けていくだけでレースの分類が完了します。

また、クアッドエー（AAAA）という名前はここから来ています。

KOL1位 2.9以下 A	KOL1位 3.0以上 B
KOL2位 3.9以下 A	KOL2位 4.0以上 B
KOL3位 5.4以下 A	KOL3位 5.5以上 B
KOL4位 7.9以下 A	KOL4位 8.0以上 B

※レースの中には全く同じ数値で1位が2頭いることや3位が2頭いることもありますが、それらのレースは16種類に含まれないレースとして判断してください。

そして、1位から順に判定したアルファベットを並べます。AAAA やBABA のようにメモを取ってください。

この分数法はつまり競馬ブックの予想オッズは実オッズとはズレがあるが、数値が信頼度に大きく関わっているということから、上位人気の信頼度のバランスがどのようになっているのか？という目安として使えるということです。

例として2018年最後のレースだった阪神のファイナルステークスで練習してみましょう。

予想オッズ順位	数値	馬名
1位	2.9	フィアーノロマーノ
2位	6.2	ハナズレジェンド
3位	7.5	メイショウカズヒメ
4位	8.2	レインボーフラッグ

1位は2.9なので2.9以下に該当するのでA
2位は6.2なので4.0以上に該当するのでB
3位は7.5なので5.5以上に該当するのでB
4位は8.2なので8.0以上に該当するのでB

[第4章] ミリオンダラー AAAA (クアッドエー)

■ Aトップの8パターン

	判定
KOL1位 2.9以下 A	
KOL2位 3.9以下 A	AAAA
KOL3位 5.4以下 A	(P118)
KOL4位 7.9以下 A	
KOL1位 2.9以下 A	
KOL2位 3.9以下 A	AAAB
KOL3位 5.4以下 A	(P122)
KOL4位 8.0以上 B	
KOL1位 2.9以下 A	
KOL2位 3.9以下 A	AABA
KOL3位 5.5以上 B	(P126)
KOL4位 7.9以下 A	
KOL1位 2.9以下 A	
KOL2位 3.9以下 A	AABB
KOL3位 5.5以上 B	(P130)
KOL4位 8.0以上 B	
KOL1位 2.9以下 A	
KOL2位 4.0以上 B	ABAA
KOL3位 5.4以下 A	(P134)
KOL4位 7.9以下 A	
KOL1位 2.9以下 A	
KOL2位 4.0以上 B	ABAB
KOL3位 5.4以下 A	(P141)
KOL4位 8.0以上 B	
KOL1位 2.9以下 A	
KOL2位 4.0以上 B	ABBA
KOL3位 5.5以上 B	(P145)
KOL4位 7.9以下 A	
KOL1位 2.9以下 A	
KOL2位 4.0以上 B	ABBB
KOL3位 5.5以上 B	(P149)
KOL4位 8.0以上 B	

■ Bトップの8パターン

	判定
KOL1位 3.0以上 B	
KOL2位 4.0以上 B	BBBB
KOL3位 5.5以上 B	(P154)
KOL4位 8.0以上 B	
KOL1位 3.0以上 B	
KOL2位 4.0以上 B	BBBA
KOL3位 5.5以上 B	(P158)
KOL4位 7.9以下 A	
KOL1位 3.0以上 B	
KOL2位 4.0以上 B	BBAB
KOL3位 5.4以下 A	(P162)
KOL4位 8.0以上 B	
KOL1位 3.0以上 B	
KOL2位 4.0以上 B	BBAA
KOL3位 5.4以下 A	(P166)
KOL4位 7.9以下 A	
KOL1位 3.0以上 B	
KOL2位 3.9以下 A	BABB
KOL3位 5.5以上 B	(P170)
KOL4位 8.0以上 B	
KOL1位 3.0以上 B	
KOL2位 3.9以下 A	BABA
KOL3位 5.5以上 B	(P173)
KOL4位 7.9以下 A	
KOL1位 3.0以上 B	
KOL2位 3.9以下 A	BAAB
KOL3位 5.4以下 A	(P177)
KOL4位 8.0以上 B	
KOL1位 3.0以上 B	
KOL2位 3.9以下 A	BAAA
KOL3位 5.4以下 A	(P181)
KOL4位 7.9以下 A	
同数値で1位が2頭いるとか3位が2頭いるなど1・2・3・4位が2頭以上いる場合	該当なし (P185)

このようになります、とても簡単ですよね。

こうした判定方法でレースを分類していくわけですが、それぞれの特徴を知らないともちろん使い道がありませんので、これから全パターンの狙い方を掲載していきたいと思います。

クアッドエー判定の狙い目を知り攻略する

[Aトップの8パターン]

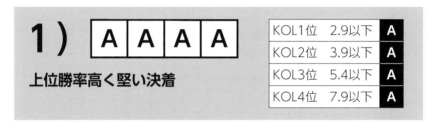

1)　A A A A
上位勝率高く堅い決着

KOL1位	2.9以下	A
KOL2位	3.9以下	A
KOL3位	5.4以下	A
KOL4位	7.9以下	A

1・2・3・4位が全て基準値より人気の状態となりますので、予想オッズ順位別の成績を見るとやはり上位の勝率が高く決着としては堅い傾向がありますね。狙い目としては1・2・3位が勝利的にも回収率的にも人気サイドとしては高いですので、この3頭を効果的に活用したいところです。2016年から2018年末で見るとこの3頭が揃って連敗したケースでも最大で4回ですからほぼこの3頭が勝ち付けているような結果が出ています。

またこの3頭の馬連も48.2％が的中となっています。回収率は人気サイドなので85％ほどですが馬券構成には知っておきたい情報ですね。

また今走のRレベルが普通以下のレースだと馬券率が伸びますので的中率が50％を超えて回収率が92％まで上昇しています。

成績から見たPOINT

○予想オッズ10位の単勝回収値が優秀
○予想オッズ14位・15位の複勝圏にも注意

[第4章] ミリオンダラー AAAA（クアッドエー）

■ AAAAでの成績

予想オッズ順位	着別度数	勝率	連対率	複勝率	単勝回収値	複勝回収値
1位	314- 179- 123- 188/ 804	39.1%	61.3%	76.6%	82	88
2位	172- 217- 117- 298/ 804	21.4%	48.4%	62.9%	80	87
3位	128- 128- 146- 403/ 805	15.9%	31.8%	49.9%	84	81
4位	75- 103- 140- 486/ 804	9.3%	22.1%	39.6%	73	78
5位	44- 57- 95- 608/ 804	5.5%	12.6%	24.4%	68	66
6位	23- 50- 61- 677/ 811	2.8%	9.0%	16.5%	58	62
7位	18- 25- 54- 696/ 793	2.3%	5.4%	12.2%	40	58
8位	13- 25- 24- 673/ 735	1.8%	5.2%	8.4%	60	51
9位	10- 8- 27- 567/ 612	1.6%	2.9%	7.4%	90	78
10位	6- 7- 8- 441/ 462	1.3%	2.8%	4.5%	126	60
11位	1- 4- 7- 327/ 339	0.3%	1.5%	3.5%	4	37
12位	3- 3- 2- 209/ 217	1.4%	2.8%	3.7%	75	40
13位	0- 1- 1- 122/ 124	0.0%	0.8%	1.6%	0	35
14位	0- 0- 3- 72/ 75	0.0%	0.0%	4.0%	0	66
15位	0- 0- 1- 26/ 27	0.0%	0.0%	3.7%	0	183
16位	0- 0- 0- 4/ 4	0.0%	0.0%	0.0%	0	0

※1・2・3・4位の頭数分母数にズレがあるのは一部出走取り消し馬などを省いているからです。

　このRレベル普通以下での1・2・3位の回収率の上がる狙い目を考えていくには、人気が被りすぎないために余計な人気をかぶる馬を避けることと、回収率が下がる要因を避けることでしょう。
　まず前走1番人気の馬は継続して人気の可能性が高いので消したいところですし、前走2着馬も人気するので消したほうが効率的でしょう。これだけの絞り込みで人気サイドでも回収率が105%ぐらいありますので、堅実な単と該当馬からの馬券でコツコツと当てていくという戦略が向いています。

2016年8月21日　札幌9R　クローバー賞

1着馬　ブラックオニキス

枠番	馬番	馬名	人気	単勝オッズ	予想人気	予想オッズ	判定
8	8	トラスト	1	2.2	1	2.5	A
5	5	ユアスイスイ	2	2.6	2	3.0	A
2	2	ブラックオニキス	3	4.2	3	3.8	A
6	6	ビービーアルボーレ	4	15.5	4	5.3	A

着順	枠番	馬番	馬名	人気	単勝オッズ	予想人気	予想オッズ	判定
1	2	2	ブラックオニキス	3	4.2	3	3.8	A
2	8	8	トラスト	1	2.2	1	2.5	A
3	3	3	レインハート	5	35.5	7	28.0	
4	7	7	タイセイプロスパー	7	59.5	6	14.8	
5	5	5	ユアスイスイ	2	2.6	2	3.0	A
6	6	6	ビービーアルボーレ	4	15.5	4	5.3	A
7	1	1	イーグルパス	8	83.9	8	50.0	
8	4	4	コスモアリオーゾ	6	38.0	5	12.5	

単　勝	2 ¥420
複　勝	2 ¥170 / 8 ¥130 / 3 ¥470
馬　連	02-08 ¥610 (3)
ワイド	02-08 ¥260 (3)/ 02-03 ¥1100 (12)/ 03-08 ¥880 (10)
馬　単	02-08 ¥1740 (6)
3 連 複	02-03-08 ¥3960 (12/56)
3 連 単	02-08-03 ¥18760 (58/336)

[第4章] ミリオンダラー AAAA（クアッドエー）

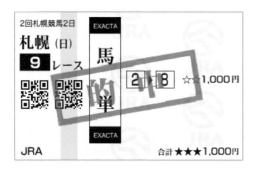

　このレースは予想オッズ1位から順に2.5　3.0　3.8　5.3でしたのでAAAAの判定のレースでした。ブラックオニキスは前走人気薄で1着となり昇級戦となったレースでした。単勝は4.2倍の3番人気で、1番人気が2.2倍のトラスト、2番人気が2.6倍のユアスイスイという2強＋1という構図の三番手評価でしたが、先行して強い勝ち方で勝利してくれました。私自身は中穴から穴を狙うことが多いスタイルですが、勝率が高いこのようなケースであれば的中数を増やすために狙っていきます。

2) A A A B
なぜか伏兵扱いになることもある2位が狙い目！

KOL1位	2.9以下	A
KOL2位	3.9以下	A
KOL3位	5.4以下	A
KOL4位	8.0以上	B

　1位から3位が信頼度の高い基準を超えているレースの判定となりますが、勝率はやはり上位が抜けています。また順位的に7位以下となると勝率がかなり下がっているので基本的には上位優先のレースとなります。この手のレースはここから絞り込む時に、1位は除いてしまう方がいいのではないかと思います。

　この手のレースだと1位の馬が実際にも被った1番人気になることが多く、その中で2位がライバルというやや差のある2強レースになることが多いのですが、表を見ての通りで2位の勝率と回収率が高いです。1位が負けた時の半分程度が2位の勝利ですから、ここを狙うと効率が良くなります。

成績から見たPOINT

○予想オッズ4位の単勝回収値が高い
○予想オッズ6位の単勝回収値が高い
○予想オッズ12位の単勝回収値が高い

[第4章] ミリオンダラー AAAA（クアッドエー）

■ AAAB での成績

予想オッズ順位	着別度数	勝率	連対率	複勝率	単勝回収値	複勝回収値
1位	163- 110- 51- 87/ 411	39.7%	66.4%	78.8%	79	90
2位	105- 84- 72- 149/ 410	25.6%	46.1%	63.7%	89	87
3位	51- 77- 72- 210/ 410	12.4%	31.2%	48.8%	63	78
4位	35- 36- 45- 295/ 411	8.5%	17.3%	28.2%	117	77
5位	14- 29- 50- 326/ 419	3.3%	10.3%	22.2%	64	64
6位	14- 23- 34- 334/ 405	3.5%	9.1%	17.5%	101	81
7位	7- 17- 27- 349/ 400	1.8%	6.0%	12.8%	40	56
8位	4- 11- 20- 357/ 392	1.0%	3.8%	8.9%	27	53
9位	3- 6- 20- 347/ 376	0.8%	2.4%	7.7%	56	77
10位	7- 8- 6- 322/ 343	2.0%	4.4%	6.1%	72	47
11位	4- 6- 2- 301/ 313	1.3%	3.2%	3.8%	91	37
12位	4- 2- 6- 217/ 229	1.7%	2.6%	5.2%	110	62
13位	0- 0- 3- 168/ 171	0.0%	0.0%	1.8%	0	46
14位	0- 2- 2- 126/ 130	0.0%	1.5%	3.1%	0	92
15位	0- 0- 1- 80/ 81	0.0%	0.0%	1.2%	0	7
16位	0- 0- 0- 19/ 19	0.0%	0.0%	0.0%	0	0
17位	0- 0- 0- 0/ 0	－	－	－	－	－
18位	0- 0- 0- 1/ 1	0.0%	0.0%	0.0%	0	0

　2位の成績だけを見ても人気どころとして考えれば高いですが、これを更に狙い目としていくにはまず前走4着以下は消したほうが良いです。というのも2強の中の2番手というポジションのオッズになることが多い中で前走の着順が悪いとなると、結局押し出されただけの2番手になっていることが多いからです。これでは逆転の目は怪しくなります。更に上を目指すとなると未勝利戦や500万戦では人気をしすぎることも多く期待値が下がってしまいますので、狙うクラスを1000万からG1と限定することをオススメします。
　これで勝率が31.9%と1番人気並となりますが、平均人気が2番人気ですので回収率も110%と高くなっています。AAAAに続いて絞り込んだ人気サイド狙いですがお手軽にピックアップできますのでぜひこちらも参考にしてみてください。

2016年4月10日　　　阪神11R　桜花賞

1着馬　ジュエラー

枠番	馬番	馬名	人気	単勝オッズ	予想人気	予想オッズ	判定
3	5	メジャーエンブレム	1	1.5	1	2.9	A
7	13	ジュエラー	3	5.0	2	3.8	A
6	12	シンハライト	2	4.9	3	4.0	A
7	15	ラベンダーヴァレイ	5	30.2	4	13.6	B

着順	枠番	馬番	馬名	人気	単勝オッズ	予想人気	予想オッズ	判定
1	7	13	ジュエラー	3	5.0	2	3.8	A
2	6	12	シンハライト	2	4.9	3	4.0	A
3	5	10	アットザシーサイド	6	36.9	5	16.8	
4	3	5	メジャーエンブレム	1	1.5	1	2.9	A
5	8	17	アドマイヤリード	13	248.9	12	36.2	
6	7	15	ラベンダーヴァレイ	5	30.2	4	13.6	B
7	6	11	レッドアヴァンセ	4	22.0	6	16.8	
8	1	2	ブランボヌール	10	129.6	10	33.0	
9	3	6	ビービーバーレル	12	222.0	16	50.0	
10	4	7	デンコウアンジュ	7	38.3	7	17.5	
11	2	3	メイショウスイヅキ	14	276.2	15	46.0	
12	8	16	ウインファビラス	9	92.1	8	27.1	
13	1	1	キャンディバローズ	11	169.7	13	36.5	
14	7	14	カトルラポール	17	437.6	17	50.0	
15	5	9	ジープルメリア	16	357.0	11	34.5	
16	8	18	メイショウバーズ	18	471.8	18	50.0	
17	2	4	ソルヴェイグ	8	76.9	9	31.5	
18	4	8	アッラサルーテ	15	357.0	14	38.1	

単勝	13 ¥500
複勝	13 ¥240 / 12 ¥260 / 10 ¥810
枠連	6-7 ¥730 (3)
馬連	12-13 ¥960 (3)
ワイド	12-13 ¥320 (3)/ 10-13 ¥1320 (13)/ 10-12 ¥1430 (14)
馬単	13-12 ¥1950 (5)
3連複	10-12-13 ¥5650 (16/816)
3連単	13-12-10 ¥20330 (43/4896)

[第4章] ミリオンダラー AAAA（クアッドエー）

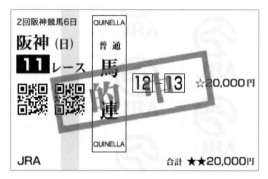

　このレースは予想オッズがメジャーエンブレム2.9、ジュエラー3.8、シンハライト4.0、ラベンダーヴァレイ13.6となっていました。実際の1番人気はメジャーエンブレムで1.5倍と抜けた支持をされましたが結果は4着となり勝利したのはジュエラーで KOL 予想オッズ2位でしたが実オッズは3番人気5.0倍でした。2着にはシンハライトが入り、前走 R レベル高＋のチューリップ賞組での決着となりました。

3) AABA
信頼度が高い1位を嫌う必要はなし！
高い勝率は心のケアにもなります！

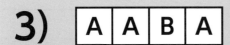

KOL1位	2.9以下	A
KOL2位	3.9以下	A
KOL3位	5.5以上	B
KOL4位	7.9以下	A

　このパターンの特徴は圧倒的なまでの1位優勢な条件となっていることです。先程のAAABと比較すると3位と4位の判定が逆になるだけで傾向が大きくかわりますが、共通点としてはここまでのケースでは1位が安定しておりその下の2・3・4位の立場が変わるのでその部分の成績差が出てくるというのは面白いですね。

　補足として書いておきますが、出走馬全てが通常の順位別の平均より人気であるということは起こりえませんので、上位にAが多ければ下位は逆になりますし、その逆もまたしかりと自然と全体の傾向とバランスが数字に出るというのがこのクアッドエーの便利なところです。この場合は当然1位から狙うべきですが、この条件の1位はどの道にしても人気になっていることがほとんどですので、オッズより信頼度を上げることを求める方が良いです。

成績から見たPOINT

○予想オッズ10位の単勝回収値が高い
○予想オッズ12位の単勝回収値が高い

[第4章] ミリオンダラー AAAA（クアッドエー）

■ AABAでの成績

予想オッズ順位	着別度数	勝率	連対率	複勝率	単勝回収値	複勝回収値
1位	157- 63- 47- 72/ 339	46.3%	64.9%	78.8%	91	91
2位	62- 81- 53- 145/ 341	18.2%	41.9%	57.5%	59	79
3位	31- 51- 51- 206/ 339	9.1%	24.2%	39.2%	78	87
4位	23- 33- 49- 234/ 339	6.8%	16.5%	31.0%	61	75
5位	22- 29- 32- 259/ 342	6.4%	14.9%	24.3%	82	71
6位	14- 33- 30- 268/ 345	4.1%	13.6%	22.3%	61	77
7位	8- 13- 24- 296/ 341	2.3%	6.2%	13.2%	58	57
8位	11- 8- 11- 310/ 340	3.2%	5.6%	8.8%	94	52
9位	5- 8- 18- 301/ 332	1.5%	3.9%	9.3%	86	66
10位	2- 7- 10- 288/ 307	0.7%	2.9%	6.2%	101	50
11位	2- 7- 9- 248/ 266	0.8%	3.4%	6.8%	30	98
12位	3- 2- 6- 227/ 238	1.3%	2.1%	4.6%	206	87
13位	0- 4- 1- 186/ 191	0.0%	2.1%	2.6%	0	38
14位	0- 1- 2- 98/ 101	0.0%	1.0%	3.0%	0	65
15位	1- 1- 0- 67/ 69	1.4%	2.9%	2.9%	75	53
16位	0- 0- 0- 9/ 9	0.0%	0.0%	0.0%	0	0
17位	0- 0- 0- 2/ 2	0.0%	0.0%	0.0%	0	0

　そこで前走0.6秒以上負けている馬は除き、前走は3着以内の馬を狙うことで堅実に攻める方がいいでしょう。このように人気することが確定している馬で信頼度が非常に高い状態ですから無理に少しでも人気が落ちる馬を狙う条件を探すよりは、信頼度を高める方を選ぶべきです。

　更に信頼度を上げるためにR＋かR－馬に該当をしている馬をチョイスします。これでも勝率が49％まで上がり回収率も94％まで上がりますが、私としては未勝利戦と500万戦で今走Rレベル高－以上のレースを狙っています。これで下級戦でメンバーは揃っているが圧倒できる馬をしっかり狙うという選択肢になるからです。この場合の勝率は52.7％と高くなり回収率は105％、特に芝では121％と高くなっています。

2016年2月21日　小倉9R

1着馬　オウケンワールド

枠番	馬番	馬名	人気	単勝オッズ	予想人気	予想オッズ	判定
5	8	オウケンワールド	1	1.7	1	2.8	A
3	4	エッジクリフ	2	4.4	2	3.1	A
1	1	ツクバイーメーカー	5	17.3	3	6.2	B
2	2	タイガーボス	3	11.0	4	6.9	A

着順	枠番	馬番	馬名	人気	単勝オッズ	予想人気	予想オッズ	判定
1	5	8	オウケンワールド	1	1.7	1	2.8	A
2	1	1	ツクバイーメーカー	5	17.3	3	6.2	B
3	2	3	クリノロッキー	8	34.3	7	25.6	
4	8	15	セルリアンラビット	10	59.5	14	41.3	
5	8	14	ポップアップハート	6	18.2	5	11.0	
6	4	7	グッドタイムロール	4	13.9	11	29.9	
7	7	13	エイシンスペーシア	12	103.9	10	28.7	
8	2	2	タイガーボス	3	11.0	4	6.9	A
9	3	5	コウユーハレワタル	9	37.9	6	21.9	
10	5	9	キリシマツバサ	15	182.5	15	50.0	
11	6	10	マルカロゼッタ	7	19.8	9	27.6	
12	3	4	エッジクリフ	2	4.4	2	3.1	A
13	4	6	シゲルウシュウ	11	80.3	12	36.2	
14	7	12	サウザンドエース	13	113.7	8	26.8	
15	6	11	チョウテッパン	14	127.3	13	37.7	

単　勝	8 ¥170
複　勝	8 ¥110 / 1 ¥350 / 3 ¥480
枠　連	1-5 ¥1300 (5)
馬　連	01-08 ¥1350 (4)
ワイド	01-08 ¥430 (2)/ 03-08 ¥830 (8)/ 01-03 ¥3180 (31)
馬　単	08-01 ¥1770 (5)
3 連複	01-03-08 ¥7390 (22/455)
3 連単	08-01-03 ¥19800 (58/2730)

[第 4 章] ミリオンダラー AAAA（クアッドエー）

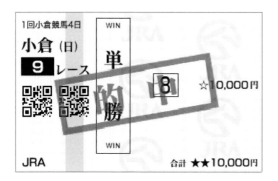

　このレースは予想オッズがオウケンワールド2.8　エッジクリフ3.1　ツクバイーメーカー6.2　タイガーボス6.9となっていました。
　1着のオウケンワールドは単1.7倍とかなりの支持を集めていましたが前走は高－で2着、その前も同クラスの高＋で好走をしているので実力の裏付けも十分にあった馬です。抜けた人気の馬ほど買うリスクは大きくなりますし利益は出しにくくなるものですが、このケースならしっかり狙うことができますね。

4) A A B B

2強の時こそ伏兵を意識する！
穴馬券は本命戦でこそ光る！

KOL1位	2.9以下	A
KOL2位	3.9以下	A
KOL3位	5.5以上	B
KOL4位	8.0以上	B

　判定が示す通りでこの16パターンの分類の中で最も2強構図が強いレースとなることは表の成績の1位と2位の勝率を見ることで納得がいきます。

　しかし勝率は1位と2位が抜けていますが回収率は高くありません。これは実オッズで言うと1位の馬がまず被っていき、2位の馬が締め切りにかけて「この馬が4〜5倍で買えるなら得かも」という競馬ファンの心理から売れていき、最終的に2強オッズになってしまうというケースが多いです（実際にレース当日に観察してみると面白いですよ）そして上位が崩れた時にはそれ以下の能力的に団子状態のどれかが散り散りに勝つので、その伏兵をチョイスすると回収率を求める上で効率がよくなります。勝率を求めるなら1位2位から馬単3連単が効果的ですが、ここではあえて3位以下の伏兵が浮上してくるケースを狙い回収率を求めたいと思います。

成績から見たPOINT

　○予想オッズ16位の単複回収値が優秀
　○予想オッズ15位の複勝回収値が高い

[第4章] ミリオンダラー AAAA（クアッドエー）

■ AABB での成績

予想オッズ順位	着別度数	勝率	連対率	複勝率	単勝回収値	複勝回収値
1位	165- 69- 50- 102/ 386	42.7%	60.6%	73.6%	80	85
2位	86- 85- 58- 157/ 386	22.3%	44.3%	59.3%	75	85
3位	31- 56- 41- 258/ 386	8.0%	22.5%	33.2%	72	77
4位	25- 39- 35- 288/ 387	6.5%	16.5%	25.6%	82	86
5位	26- 31- 40- 298/ 395	6.6%	14.4%	24.6%	95	79
6位	11- 23- 31- 320/ 385	2.9%	8.8%	16.9%	55	86
7位	13- 16- 23- 333/ 385	3.4%	7.5%	13.5%	90	81
8位	13- 21- 25- 324/ 383	3.4%	8.9%	15.4%	89	94
9位	5- 12- 23- 351/ 391	1.3%	4.3%	10.2%	37	87
10位	1- 11- 19- 354/ 385	0.3%	3.1%	8.1%	8	79
11位	6- 9- 15- 361/ 391	1.5%	3.8%	7.7%	76	73
12位	2- 6- 13- 340/ 361	0.6%	2.2%	5.8%	20	79
13位	3- 2- 3- 349/ 357	0.8%	1.4%	2.2%	51	47
14位	1- 3- 3- 295/ 302	0.3%	1.3%	2.3%	27	54
15位	0- 5- 6- 186/ 197	0.0%	2.5%	5.6%	0	116
16位	1- 0- 3- 77/ 81	1.2%	1.2%	4.9%	260	137
17位	0- 0- 0- 13/ 13	0.0%	0.0%	0.0%	0	0
18位	0- 0- 0- 1/ 1	0.0%	0.0%	0.0%	0	0

　例えば前走Rレベル高－以上の馬が、今走Rレベル高＋以上のレースに出走する場合です。相手がこの1位2位じゃなければ通用するという馬がこの中に眠っていることがあります。これでも勝率こそ17.2%で（該当馬全てのどれかが勝つ確率）回収率106%と良い成績であるのですが、上2頭が潰れるだけで大きな波乱が起きることが多いレースですので、実オッズで単勝オッズ30倍以上の馬だと回収率が117%まで上がりますので穴狙いとしてかなりオススメですし単勝万馬券で帯封まで狙えます（P133の掲載画像は124.9倍）。

2017年11月12日　京都10R

1着馬　ラインルーフ

枠番	馬番	馬名	人気	単勝オッズ	予想人気	予想オッズ	判定
5	6	テンザワールド	1	2.5	1	2.7	A
8	11	クリノリトミシュル	2	3.5	2	3.5	A
6	7	ヴァローア	5	9.9	3	6.4	B
1	1	ロイカバード	3	6.7	4	8.7	B

着順	枠番	馬番	馬名	人気	単勝オッズ	予想人気	予想オッズ	判定
1	3	3	ラインルーフ	12	124.9	11	50.0	
2	8	11	クリノリトミシュル	2	3.5	2	3.5	A
3	7	9	エポック	4	8.6	6	10.5	
4	5	6	テンザワールド	1	2.5	1	2.7	A
5	5	5	カラクプア	8	30.2	8	18.5	
6	4	4	カフェリュウジン	10	93.4	12	50.0	
7	8	12	スマートボムシェル	6	16.0	5	9.0	
8	6	7	ヴァローア	5	9.9	3	6.4	B
9	1	1	ロイカバード	3	6.7	4	8.7	B
10	6	8	ミキノグランプリ	9	31.5	7	10.8	
11	7	10	ベルウッドケルン	11	114.3	10	38.4	
12	2	2	ドラゴンシュバリエ	7	16.3	9	22.7	

単　勝	3 ¥12490
複　勝	3 ¥2430 / 11 ¥160 / 9 ¥240
枠　連	3-8 ¥9360 (21)
馬　連	03-11 ¥28480 (42)
ワ イ ド	03-11 ¥7930 (45)/ 03-09 ¥9370 (47)/ 09-11 ¥470 (4)
馬　単	03-11 ¥85790 (93)
3 連 複	03-09-11 ¥45780 (84/220)
3 連 単	03-11-09 ¥525940 (655/1320)

[第4章] ミリオンダラー AAAA（クアッドエー）

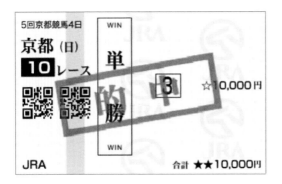

　このレースの予想オッズはテンザワールド2.7　クリノリトミシュル3.5　ヴァローア6.4　ロイカバード8.7となっており実際のオッズはテンザワールドが2.5倍、クリノリトミシュルが3.5倍と2頭が抜けていました。レースは逃げ馬を見て仕掛けを待つテンザワールドと後方から差し切りを狙うクリノリトミシュルの勝負になる雰囲気でしたが、2番手で競馬をしていた最低人気ラインルーフが単勝万馬券の低評価の中で1着の特大大穴となりました。人気2頭が崩れれば後は団子状態というパターンに該当するレースでは人気薄狙いが面白いです。

5) A B A A
今走のRレベルに注意したい

KOL1位	2.9以下	A
KOL2位	4.0以上	B
KOL3位	5.4以下	A
KOL4位	7.9以下	A

これはABAAが表すように1位が抜けて2位が通常より信頼度が低く、3位と4位、また6位までの中穴どころの勝率が高くなっているレースです。実人気で見ても1番人気の勝率が42.6％、4番人気までは10％以上あり5・6番人気が6％台ですからそれ以下の人気が勝利することはかなり珍しいことであるという傾向があります。

■ ABAAでの成績

予想オッズ順位	着別度数	勝率	連対率	複勝率	単勝回収値	複勝回収値
1位	214- 112- 64- 128/ 518	41.3%	62.9%	75.3%	80	88
2位	74- 80- 76- 288/ 518	14.3%	29.7%	44.4%	74	76
3位	62- 87- 75- 291/ 515	12.0%	28.9%	43.5%	73	80
4位	54- 60- 77- 327/ 518	10.4%	22.0%	36.9%	83	82
5位	34- 53- 63- 369/ 519	6.6%	16.8%	28.9%	69	85
6位	28- 40- 32- 416/ 516	5.4%	13.2%	19.4%	98	69
7位	16- 35- 32- 442/ 525	3.0%	9.7%	15.8%	71	71
8位	10- 24- 32- 444/ 510	2.0%	6.7%	12.9%	49	79
9位	13- 14- 21- 451/ 499	2.6%	5.4%	9.6%	82	62
10位	6- 2- 20- 448/ 476	1.3%	1.7%	5.9%	99	60
11位	7- 2- 15- 385/ 409	1.7%	2.2%	5.9%	88	55
12位	1- 3- 6- 381/ 391	0.3%	1.0%	2.6%	22	32
13位	0- 2- 3- 250/ 255	0.0%	0.8%	2.0%	0	30
14位	1- 4- 2- 171/ 178	0.6%	2.8%	3.9%	124	111
15位	0- 0- 0- 99/ 99	0.0%	0.0%	0.0%	0	0
16位	0- 0- 1- 23/ 24	0.0%	0.0%	4.2%	0	108

[第4章] ミリオンダラー AAAA（クアッドエー）

　この条件のもう1つの特徴としては今走のRレベルによって大きく変わるということです。高＋以上のレースと高－以下のレースを比較すると1位の勝率にかなり差が生まれますが、2・3・4・5位は勝率にあまり変動がなく、その分だけ下位に変化が生まれていることが表を見るとわかるはずです。

■ 今走Rレベル高＋以上

予想オッズ順位	着別度数	勝率	連対率	複勝率	単勝回収値	複勝回収値
1位	70- 48- 21- 49/ 188	37.2%	62.8%	73.9%	71	87
2位	27- 27- 24- 110/ 188	14.4%	28.7%	41.5%	72	69
3位	24- 25- 29- 109/ 187	12.8%	26.2%	41.7%	82	76
4位	20- 23- 28- 116/ 187	10.7%	23.0%	38.0%	89	83
5位	13- 15- 22- 140/ 190	6.8%	14.7%	26.3%	77	80
6位	14- 20- 10- 142/ 186	7.5%	18.3%	23.7%	143	84
7位	6- 14- 16- 155/ 191	3.1%	10.5%	18.8%	92	95
8位	3- 11- 18- 153/ 185	1.6%	7.6%	17.3%	55	99
9位	4- 1- 8- 167/ 180	2.2%	2.8%	7.2%	55	45
10位	2- 1- 5- 154/ 162	1.2%	1.9%	4.9%	66	52
11位	5- 0- 6- 125/ 136	3.7%	3.7%	8.1%	187	56
12位	0- 1- 1- 102/ 104	0.0%	1.0%	1.9%	0	16
13位	0- 0- 0- 78/ 78	0.0%	0.0%	0.0%	0	0
14位	1- 1- 0- 48/ 50	2.0%	4.0%	4.0%	444	121
15位	0- 0- 0- 30/ 30	0.0%	0.0%	0.0%	0	0
16位	0- 0- 0- 12/ 12	0.0%	0.0%	0.0%	0	0

■ 今走Rレベル高−以下

予想オッズ順位	着別度数	勝率	連対率	複勝率	単勝回収値	複勝回収値
1位	144- 64- 43- 79/ 330	43.6%	63.0%	76.1%	85	89
2位	47- 53- 52-178/ 330	14.2%	30.3%	46.1%	75	80
3位	38- 62- 46-182/ 328	11.6%	30.5%	44.5%	68	83
4位	34- 37- 49-211/ 331	10.3%	21.5%	36.3%	79	82
5位	21- 38- 41-229/ 329	6.4%	17.9%	30.4%	64	88
6位	14- 20- 22-274/ 330	4.2%	10.3%	17.0%	73	60
7位	10- 21- 16-287/ 334	3.0%	9.3%	14.1%	60	57
8位	7- 13- 14-291/ 325	2.2%	6.2%	10.5%	46	67
9位	9- 13- 13-284/ 319	2.8%	6.9%	11.0%	98	72
10位	4- 1- 15-294/ 314	1.3%	1.6%	6.4%	116	64
11位	2- 2- 9-260/ 273	0.7%	1.5%	4.8%	39	54
12位	1- 2- 5-279/ 287	0.3%	1.0%	2.8%	30	37
13位	0- 2- 3-172/ 177	0.0%	1.1%	2.8%	0	43
14位	0- 3- 2-123/ 128	0.0%	2.3%	3.9%	0	108
15位	0- 0- 0- 69/ 69	0.0%	0.0%	0.0%	0	0
16位	0- 0- 1- 11/ 12	0.0%	0.0%	8.3%	0	217

Rレベル高＋以上のレースの場合は明らかに予想オッズ1位2位の回収率が低下しており、中穴どころになることが多い3位から7位までの回収率が高いです。トータルで回収率が96％ありますが、ここに該当するのは人気薄であることが望ましいですので他の要素を使って絞り込んでいきたいところですが、複雑なことは必要なく前走勝ち馬から0.6秒以上負けている馬を狙います。平均人気が5番人気になりますので十分人気薄寄りに絞り込めますね。

[第4章] ミリオンダラー AAAA（クアッドエー）

2016年10月22日　京都12R
1着馬　マイネルオフィール

枠番	馬番	馬名	人気	単勝オッズ	予想人気	予想オッズ	判定
5	5	スリーアロー	1	2.7	1	2.7	A
1	1	エポック	2	3.7	2	4.0	B
6	8	クリノリトミシュル	3	5.2	3	4.4	A
7	9	ケルティックソード	4	8.5	4	7.2	A

着順	枠番	馬番	馬名	人気	単勝オッズ	予想人気	予想オッズ	判定
1	4	4	マイネルオフィール	8	27.2	7	21.2	
2	6	8	クリノリトミシュル	3	5.2	3	4.4	A
3	7	9	ケルティックソード	4	8.5	4	7.2	A
4	5	5	スリーアロー	1	2.7	1	2.7	A
5	1	1	エポック	2	3.7	2	4.0	B
6	6	7	ザイディックメア	5	12.8	5	9.5	
7	2	2	フジインザスカイ	12	119.2	12	43.5	
8	5	6	ナムラアラシ	9	33.8	11	35.9	
9	8	12	キーアシスト	10	57.4	10	34.8	
10	8	11	ニホンピロシナバー	6	13.8	6	10.2	
11	3	3	ビーチブレイブ	11	89.2	9	34.4	
12	7	10	ドライバーズハイ	7	15.4	8	25.9	

単勝	4 ¥2720
複勝	4 ¥650 / 8 ¥220 / 9 ¥310
枠連	4-6 ¥4620 (13)
馬連	04-08 ¥6650 (22)
ワイド	04-08 ¥2140 (24)/ 04-09 ¥4920 (38)/ 08-09 ¥1160 (13)
馬単	04-08 ¥14400 (48)
3連複	04-08-09 ¥25430 (71/220)
3連単	04-08-09 ¥217430 (488/1320)

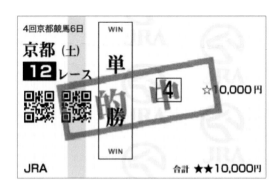

　予想オッズはスリーアロー2.7　エポック4.0　クリノリトミシュル4.4 ケルティックソード7.2の順。
　実オッズは上位4番人気まで1桁台のレースでしたが勝ちきったのは8番人気のマイネルオフィール。Rレベル高＋以上のレースでしたので波乱要素が高いのですから期待値の高い人気薄を狙うことが効果的ですね。
　今走高－以下のレースでは1位が圧倒的に強いですが、これをより強固にするという選択肢が合うはずです。相手が弱いレースで抜けている馬という立場から、乗り替わりのケースでは全体の1割がルメール、デムーロと川田で更に1割、それ以外も基本的に外人騎手からリーディング上位の騎手になることが多いです。
　乗り替わりの場合は勝率47.0％あり回収率が100％とありますので、結果的にも成功しているわけですから戦略的に乗り替えて勝負するケースが多く該当するケースであると言えます。

[第4章] ミリオンダラー AAAA（クアッドエー）

2016年3月13日　　中京12R

1着馬　ストーンウェア

枠番	馬番	馬名	人気	単勝オッズ	予想人気	予想オッズ	判定
5	6	ストーンウェア	1	2.5	1	2.9	A
6	7	アルバーシャン	2	5.1	2	4.7	B
6	8	サトノフェラーリ	3	5.6	3	5.4	A
3	3	サーサルヴァトーレ	6	13.2	4	7.4	A

着順	枠番	馬番	馬名	人気	単勝オッズ	予想人気	予想オッズ	判定
1	5	6	ストーンウェア	1	2.5	1	2.9	A
2	7	9	トップアート	8	26.7	8	16.7	
3	5	5	インストアイベント	9	32.5	11	32.5	
4	6	7	アルバーシャン	2	5.1	2	4.7	B
5	6	8	サトノフェラーリ	3	5.6	3	5.4	A
6	7	10	シュヴァリエ	11	54.6	10	23.9	
7	3	3	サーサルヴァトーレ	6	13.2	4	7.4	A
8	8	11	レインボーラヴラヴ	4	6.2	5	7.7	
9	1	1	マダムジルウェット	5	10.7	6	9.8	
10	4	4	ウインソワレ	10	52.9	9	18.8	
11	8	12	オンタケハート	7	17.8	7	16.1	
12	2	2	ジェットコルサ	12	173.9	12	35.7	

単勝	6 ¥250
複勝	6 ¥140 / 9 ¥510 / 5 ¥530
枠連	5-7 ¥2150 (9)
馬連	006-09 ¥3160 (11)
ワイド	06-09 ¥1140 (13)/ 05-06 ¥1110 (12)/ 05-09 ¥4640 (43)
馬単	06-09 ¥4520 (17)
3連複	05-06-09 ¥19080 (61/220)
3連単	06-09-05 ¥67110 (233/1320)

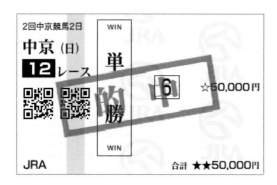

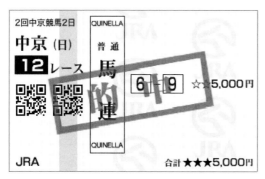

　実際のオッズが2.5倍ですが2・3番人気が5倍台と1強＋2という構図になったレースでしたが危なげなく勝利してくれました。乗り替わりでデムーロから北村友一なので弱化にも見えますがデムーロやルメールは阪神で騎乗しており手薄の中京で北村友一が抜けた馬に乗っているのであれば何も問題ありませんでした。

6) ABAB

自然と人気薄の馬券が転がってくる
レースはキャッチするのみ！

KOL1位	2.9以下	A
KOL2位	4.0以上	B
KOL3位	5.4以下	A
KOL4位	8.0以上	B

　1位と3位がA、2位と4位がBという判定なのでABABとなるレースですがその判定通りで1位3位が高く、2位と3位の勝率が逆転しているという特徴があります。ただ、40.7%という数字が示すようにこれだけの勝率がある1位なのに回収率が低く、いかに1位に人気が集中してしまうのかということがわかりますね。このようなレースですので1位から馬単などで買うというのも悪くはありませんが、私であれば人気薄の一発に魅力を感じますし、当てるより稼ぐことを重視するべきレースなのではないかと考えます。表を見ての通り予想オッズが下位の馬の回収率が高いです。6位以下となるとトータル成績で回収率94%となりますのでここから絞ると効果的であるはずです。

成績から見たPOINT

- ○予想オッズ15位・16位の単複回収値に注目
- ○予想オッズ9位の単勝回収値が高い
- ○予想オッズ11位の単勝回収値が高い

■ ABABでの成績

予想オッズ順位	着別度数	勝率	連対率	複勝率	単勝回収値	複勝回収値
1位	74- 39- 27- 42/ 182	40.7%	62.1%	76.9%	75	89
2位	24- 43- 27- 88/ 182	13.2%	36.8%	51.6%	65	92
3位	29- 21- 24- 108/ 182	15.9%	27.5%	40.7%	86	75
4位	11- 14- 16- 139/ 180	6.1%	13.9%	22.8%	69	68
5位	5- 17- 24- 141/ 187	2.7%	11.8%	24.6%	26	85
6位	11- 9- 10- 149/ 179	6.1%	11.2%	16.8%	103	63
7位	4- 15- 17- 146/ 182	2.2%	10.4%	19.8%	47	78
8位	4- 6- 8- 164/ 182	2.2%	5.5%	9.9%	73	91
9位	7- 3- 8- 161/ 179	3.9%	5.6%	10.1%	119	93
10位	6- 7- 5- 170/ 188	3.2%	6.9%	9.6%	88	76
11位	3- 1- 5- 180/ 189	1.6%	2.1%	4.8%	108	61
12位	0- 3- 7- 170/ 180	0.0%	1.7%	5.6%	0	85
13位	1- 0- 2- 170/ 173	0.6%	0.6%	1.7%	100	53
14位	1- 2- 2- 161/ 166	0.6%	1.8%	3.0%	65	33
15位	1- 2- 1- 101/ 105	1.0%	2.9%	3.8%	102	114
16位	1- 0- 0- 40/ 41	2.4%	2.4%	2.4%	703	146
17位	0- 0- 0- 5/ 5	0.0%	0.0%	0.0%	0	0
18位	0- 0- 0- 2/ 2	0.0%	0.0%	0.0%	0	0

　絞り方としては簡単で前走Rレベル普通以上、今走Rレベル普通以上のという条件だと予想オッズ6位以下の馬が穴を開ける頻度が高くなっています。これだけの条件でレース的中率21.2%　回収率143.2%ですから穴狙いで活用できます。またもう1つがやはり予想オッズ2位より3位の方が勝率が高いということで、3位の活用も考えたいところですよね。これに関しては新馬戦と未勝利戦ならただ3位を買うだけでも回収率がプラスです。

　勝率21.0%で回収率109%、平均オッズ6.5倍なら上々の勝率ですね。新馬戦と未勝利戦は実オッズでも3番人気になることが多いので、それが2番人気より勝率が良いと考えれば買わない手はありません。

[第4章] ミリオンダラー AAAA（クアッドエー）

2018年5月5日　　　　　　　　　　　京都3R

1着馬　イシュトヴァーン

枠番	馬番	馬名	人気	単勝オッズ	予想人気	予想オッズ	判定
4	8	ワークアンドワーク	1	2.4	1	2.9	A
4	7	マースゴールド	2	3.8	2	4.1	B
5	10	イシュトヴァーン	3	6.0	3	5.4	A
2	4	キタノナシラ	6	13.0	4	9.8	B

着順	枠番	馬番	馬名	人気	単勝オッズ	予想人気	予想オッズ	判定
1	5	10	イシュトヴァーン	3	6.0	3	5.4	A
2	4	7	マースゴールド	2	3.8	2	4.1	B
3	4	8	ワークアンドワーク	1	2.4	1	2.9	A
4	7	14	デンコウエルドラド	4	7.9	6	10.6	
5	2	4	キタノナシラ	6	13.0	4	9.8	B
6	7	13	クリノヴィグラス	5	12.5	5	10.0	
7	3	6	クレアセンシェンス	7	18.1	7	13.8	
8	8	16	ダンツコンフォート	9	62.8	10	31.5	
9	1	2	ブラスト	15	359.2	14	46.9	
10	5	9	トウカイシーカー	14	315.7	15	50.0	
11	6	12	エイシンエーブル	12	106.9	12	37.3	
12	8	15	リュウノシャツ	11	92.6	8	28.8	
13	6	11	メイショウルネ	16	438.5	16	50.0	
14	1	1	アイラブハー	13	313.1	13	44.1	
15	2	3	ヤマニンメイアルア	8	62.1	11	33.6	
16	3	5	キワミスパイラル	10	71.5	9	29.6	

単勝	10 ¥600
複勝	10 ¥180 / 7 ¥130 / 8 ¥120
枠連	4-5 ¥680 (4)
馬連	07-10 ¥1590 (5)
ワイド	07-10 ¥520 (8)/ 08-10 ¥380 (3)/ 07-08 ¥180 (1)
馬単	10-07 ¥2850 (8)
3連複	07-08-10 ¥990 (2/560)
3連単	10-07-08 ¥7000 (15/3360)

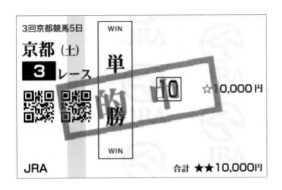

　該当馬のイシュトヴァーンは2着馬に0.9秒差をつけての圧勝となりましたが、この時の人気が3番人気で6.0倍というオッズでした。2番人気は3.8倍でしたからやや離れた3番人気ということになりますが、勝率的には3番人気イシュトヴァーンが勝っているということなので買いと判断できる馬であったということになりますね。

[第4章] ミリオンダラー AAAA（クアッドエー）

7) A B B A

伏兵が主役を食うレースは
素直に伏兵に食わせてもらおう！

KOL1位	2.9以下	A
KOL2位	4.0以上	B
KOL3位	5.5以上	B
KOL4位	7.9以上	A

　2・3位がBの判定ということもあって1位の勝率は高くなっています。しかし2・3位の成績が落ちることで、対抗となる馬が不在のような形になり1強＋伏兵という構図になっています。2位と3位の成績不振分だけ他の馬にチャンスが回るというようなイメージで考えるとわかりやすいレースですね。全体的に見ると1位は40%の勝率があるのに回収率が74%しかありませんし、5位以下からの中穴二桁順位の大穴になりえる馬まで回収率が高いわけですから、ここは高配当を狙うことがチャンスであるというのは明確です。予想オッズ5位以下の馬の単勝を全て買っても回収率が99%と高いのですが、ここから絞り込むことで効果的に穴馬を的中させていくという狙い方をしていきましょう。

成績から見たPOINT

○予想オッズ9位・10位・11位の単勝回収値が優秀
○予想オッズ16位の単複回収値に注目
○予想オッズ14位の単勝回収値が優秀

■ ABBAでの成績

予想オッズ順位	着別度数	勝率	連対率	複勝率	単勝回収値	複勝回収値
1位	275- 136- 78- 198/ 687	40.0%	59.8%	71.2%	74	83
2位	90- 96- 107- 396/ 689	13.1%	27.0%	42.5%	77	87
3位	68- 91- 78- 452/ 689	9.9%	23.1%	34.4%	76	78
4位	56- 92- 89- 451/ 688	8.1%	21.5%	34.4%	76	91
5位	45- 73- 51- 527/ 696	6.5%	17.0%	24.3%	81	72
6位	44- 60- 59- 531/ 694	6.3%	15.0%	23.5%	88	95
7位	24- 31- 50- 581/ 686	3.5%	8.0%	15.3%	78	83
8位	23- 36- 43- 584/ 686	3.4%	8.6%	14.9%	94	87
9位	19- 10- 44- 617/ 690	2.8%	4.2%	10.6%	109	96
10位	11- 17- 24- 631/ 683	1.6%	4.1%	7.6%	139	93
11位	15- 16- 21- 635/ 687	2.2%	4.5%	7.6%	146	72
12位	9- 12- 17- 625/ 663	1.4%	3.2%	5.7%	79	79
13位	2- 4- 13- 618/ 637	0.3%	0.9%	3.0%	18	44
14位	7- 9- 6- 536/ 558	1.3%	2.9%	3.9%	159	83
15位	1- 8- 3- 350/ 362	0.3%	2.5%	3.3%	10	82
16位	3- 0- 6- 132/ 141	2.1%	2.1%	6.4%	372	134
17位	0- 1- 0- 18/ 19	0.0%	5.3%	5.3%	0	61
18位	0- 0- 0- 1/ 1	0.0%	0.0%	0.0%	0	0

　今走高★だと競馬ファンがパッと見てもそのクラスで評価できる馬が揃っているのでオッズが割れすぎてしまいます。そこでオッズの偏りや歪みから爆発力を考えると今走Rレベルは高＋〜低★を狙う方が適しています。
　またこの条件では予想オッズ1位以外の馬はオッズが読めないことが多いので、押し出されたような無駄な人気を嫌うために前走6着以下、掲示板にも載れなかった馬を狙うと効率的に穴を狙うことができます。該当馬が残らないレースもあれば何頭も残ることがありますが、該当馬がレースを勝利している確率が22.3%もありますし回収率は121.7%もあります。1着馬の的中平均単オッズが47倍もありますので、単勝だけではなく3連単などでも高配当が狙える効果的な方法です。

[第4章] ミリオンダラー AAAA（クアッドエー）

2018年10月8日　東京12R
1着馬　ヴィジョンオブラヴ

枠番	馬番	馬名	人気	単勝オッズ	予想人気	予想オッズ	判定
7	9	トーホウフライト	1	1.7	1	2.7	A
8	11	ビービーガウディ	2	5.3	2	4.1	B
4	4	クリムズンフラッグ	3	7.4	3	6.0	B
6	8	タイキダイヤモンド	4	10.2	4	6.4	A

着順	枠番	馬番	馬名	人気	単勝オッズ	予想人気	予想オッズ	判定
1	7	10	ヴィジョンオブラヴ	5	12.4	8	18.5	
2	7	9	トーホウフライト	1	1.7	1	2.7	A
3	8	11	ビービーガウディ	2	5.3	2	4.1	B
4	5	6	オーシャンビュー	7	21.5	6	10.1	
5	6	7	ペイシャボム	8	22.3	5	9.8	
6	6	8	タイキダイヤモンド	4	10.2	4	6.4	A
7	4	4	クリムズンフラッグ	3	7.4	3	6.0	B
8	5	5	ヤマタケパンチ	11	106.2	11	41.4	
9	3	3	ブルーオラーリオ	9	74.4	9	19.9	
10	2	2	シグネットリング	10	106	10	32.0	
11	1	1	ノーザンクリス	6	16.3	7	14.3	
12	8	12	ジオパークボス	12	269.3	12	50.0	

単勝	10 ¥1240
複勝	10 ¥240 / 9 ¥110 / 11 ¥160
枠連	7-7 ¥1420 (6)
馬連	09-10 ¥1070 (4)
ワイド	09-10 ¥400 (4)/ 10-11 ¥900 (11)/ 09-11 ¥230 (1)
馬単	10-09 ¥3250 (11)
3連複	09-10-11 ¥1580 (3/220)
3連単	10-09-11 ¥14510 (49/1320)

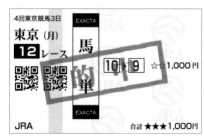
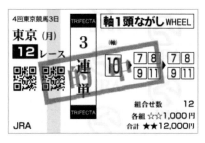

　このレースは1番人気のトーホウフライトが1.7倍のダントツの支持を集めており、また2番人気ビービーガウディ、3番人気クリムズンフラッグまでが一桁オッズと1強＋2頭という実オッズでの評価をされていました。
　しかし判定はABBAですからトーホウフライトが崩れてくれれば一気に人気薄の馬にチャンスが巡ってくるであろうレースです。1着となったヴィジョンオブブラヴは競馬ブック予想オッズ8位でしたが実オッズは5番人気なのでその点は残念でしたがそれでも単勝12.4倍の中穴配当。1位の信頼度は高いわけですから1着に該当馬、紐には人気と穴をミックスして狙うのがセオリーですね。

[第4章] ミリオンダラー AAAA（クアッドエー）

8) A B B B

ずば抜けた1位を
更に研ぎ澄ませて狙うレース！

KOL1位	2.9以下	A
KOL2位	4.0以上	B
KOL3位	5.5以上	B
KOL4位	8.0以上	B

　予想オッズ1位だけが A で2・3・4位が B という判定になるレースとなりますが、やはりここでも1位の勝率が抜け出ることになります。ただこのケースだと流石に予想オッズ1位が実際にも1番人気でしかも1倍台ということが多くなりますし、それ以下の馬がその人気別での平均的な結果程度しか残せておらず、あまり面白味があるレースにはならないことが多いです。インスタ映えする料理だけど味は美味しくないというような感じで、特徴はあるが馬券的に掴み取りたい部分が少ないレースというイメージです。基本的にはスルーしても良いレースですが、買うのであれば勝率が抜けている1位でしょうし、信頼度を更に増していく方法を考えたいところです。

成績から見たPOINT

○予想オッズ10位の単複回収値が優秀
○予想オッズ15位の単勝回収値に注目
○予想オッズ3位の単勝回収値が低め

■ ABBB での成績

予想オッズ順位	着別度数	勝率	連対率	複勝率	単勝回収値	複勝回収値
1位	187- 77- 38- 128/ 430	43.5%	61.4%	70.2%	78	81
2位	64- 71- 62- 232/ 429	14.9%	31.5%	45.9%	86	88
3位	37- 59- 46- 290/ 432	8.6%	22.2%	32.9%	68	83
4位	30- 48- 47- 306/ 431	7.0%	18.1%	29.0%	80	88
5位	21- 34- 45- 345/ 445	4.7%	12.4%	22.5%	74	89
6位	22- 28- 40- 336/ 426	5.2%	11.7%	21.1%	76	87
7位	16- 28- 31- 352/ 427	3.7%	10.3%	17.6%	58	84
8位	10- 21- 22- 378/ 431	2.3%	7.2%	12.3%	55	73
9位	14- 23- 27- 365/ 429	3.3%	8.6%	14.9%	88	96
10位	16- 14- 17- 386/ 433	3.7%	6.9%	10.9%	149	114
11位	4- 8- 14- 411/ 437	0.9%	2.7%	5.9%	21	46
12位	3- 5- 10- 430/ 448	0.7%	1.8%	4.0%	56	53
13位	3- 5- 10- 405/ 423	0.7%	1.9%	4.3%	49	68
14位	2- 3- 9- 426/ 440	0.5%	1.1%	3.2%	35	49
15位	2- 6- 6- 359/ 373	0.5%	2.1%	3.8%	116	80
16位	2- 2- 6- 170/ 180	1.1%	2.2%	5.6%	86	78
17位	0- 1- 0- 45/ 46	0.0%	2.2%	2.2%	0	23
18位	0- 0- 0- 16/ 16	0.0%	0.0%	0.0%	0	0

　まずここまで勝率が高くて人気もすることがほぼ確定なのですから、人気を落として期待値を上げるという方法は適しませんので信頼度を更に高めることを考えていきたいです。そこでまず今走 R+ 馬に該当していることというのが条件の1つ。

　次に前走のRレベルが高＋以上という馬を選ぶと効果的です。これで勝率が49.5% ですからほぼコインの裏表を当てる確率で1着になってくれるわけですが、それでも単回収率は91% と100% には届きません。これは当然確率と回収率を比較して考えれば平均オッズが2倍に満たないからであることが単純計算でわかりますが、実はこの条件で勝ち馬の平均オッズが大きく下がるのが未勝利戦だけです。やはり未勝利戦では情報が少ないので人気がかぶりやすいということになります。未勝利戦を除けば回収率が100% 丁度になっていますので、後は馬単や3連単で馬券を狙えば大きな見返りではなくても馬券的なチャンスが出てきます。

[第4章] ミリオンダラー AAAA（クアッドエー）

2016年1月31日　　　　　　　　　　　　根岸ステークス

1着馬　モーニン

枠番	馬番	馬名	人気	単勝オッズ	予想人気	予想オッズ	判定
8	15	モーニン	1	2.2	1	2.9	A
5	9	タガノトネール	2	5.0	2	4.0	B
4	8	タールタン	6	11.9	3	8.6	B
7	14	サクラエール	4	8.1	4	9.2	B

着順	枠番	馬番	馬名	人気	単勝オッズ	予想人気	予想オッズ	判定
1	8	15	モーニン	1	2.2	1	2.9	A
2	4	8	タールタン	6	11.9	3	8.6	B
3	1	2	グレープブランデー	10	43.2	9	18.8	
4	5	9	タガノトネール	2	5.0	2	4.0	B
5	3	6	アンズチャン	3	7.9	5	9.4	
6	6	11	プロトコル	5	10.3	7	11.2	
7	8	16	レーザーバレット	8	21.3	6	9.6	
8	2	4	マルカフリート	9	34.5	8	18.6	
9	5	10	アドマイヤサガス	12	118.5	12	41.9	
10	1	1	レッドファルクス	7	20.8	10	29.7	
11	3	5	キョウエイアシュラ	15	279.6	14	43.8	
12	2	3	アドマイヤロイヤル	13	161.1	13	43.5	
13	4	7	サトノタイガー	14	249.4	15	50.0	
14	7	14	サクラエール	4	8.1	4	9.2	B
15	6	12	シゲルカガ	11	106.6	11	35.1	
16	7	13	シンキングマシーン	16	344.3	16	50.0	

単勝	15 ¥220
複勝	15 ¥130 / 8 ¥280 / 2 ¥660
枠連	4-8 ¥1120 (5)
馬連	08-15 ¥1330 (5)
ワイド	08-15 ¥530 (4)/ 02-15 ¥1340 (16)/ 02-08 ¥3820 (36)
馬単	15-08 ¥1850 (6)
3連複	02-08-15 ¥11480 (38/560)
3連単	15-08-02 ¥34400 (121/3360)

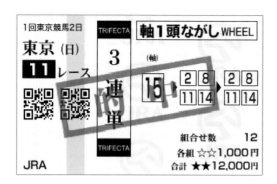

　抜けた人気ではありましたがそれでも2.2倍のオッズで下げ止まったモーニン。唯一の4歳馬、ダート界の新しいスター誕生に誰しも期待していたレースとなりましたが危なげない勝利を見せてフェブラリーステークスへと進んでいきました。2・3着は6番人気（予想オッズ3番位）のタールタンと10番人気（予想オッズ9位）のグレープブランデーが入りましたが、先程の表の通りで複勝回収率は10位ぐらいまでが高いですので該当している人気薄を含めた3連単などであれば穴馬券を的中することもできます。掲載している馬券も3連単で344倍と悪くない払い戻しとなりました。

　さて、ここまでで半分のパターンをご紹介したことになりますが、何か気がついたことはありませんか？それはここまでは頭がＡから始まるパターンを掲載してきているということ、ということは予想オッズ1位が信頼できるパターンであったこととなります。そしてあらためて予想オッズ1位のクアッドエーの判定別の成績を見てみると重要な特徴に気がつくはずです。

■ Aトップ8パターンの予想オッズ1位の成績

判定	着別度数	勝率	連対率	複勝率	単勝回収値	複勝回収値
AAAA	314- 179- 123- 188/ 804	39.1%	61.3%	76.6%	82	88
AAAB	163- 110- 51- 87/ 411	39.7%	66.4%	78.8%	79	90
AABA	157- 63- 47- 72/ 339	46.3%	64.9%	78.8%	91	91
AABB	165- 69- 50- 102/ 386	42.7%	60.6%	73.6%	80	85
ABAA	214- 112- 64- 128/ 518	41.3%	62.9%	75.3%	80	88
ABAB	74- 39- 27- 42/ 182	40.7%	62.1%	76.9%	75	89
ABBA	275- 136- 78- 198/ 687	40.0%	59.8%	71.2%	74	83
ABBB	187- 77- 38- 128/ 430	43.5%	61.4%	70.2%	78	81

　実際の1番人気と予想オッズ1位が必ず一致するというわけではありませんが、もちろん比較的多く該当します。そして1番人気の勝率は33.3%ぐらいというのが競馬ファンの基礎知識となっていますが、Aから始まる判定の時は低くても39%台でありほとんどが40%を超えているということがわかります。同じ1番人気（1位）でも、こんなに手間のかからない判定方法を使うだけで勝率の高い部分が簡単に見つかるということになるわけです。

　マニアックな本の中でこのようなことを語るのは微妙なのですが、例えば競馬場に初心者さんを連れて行った時に、クアッドエーの判定方法の予想オッズ1位の部分だけを教えてあげるだけでも信頼できる1番人気（1位）と信頼できない1番人気（1位）をすぐに判定することができるようになりますので、競馬初心者の人の予想を少しだけ楽しくさせてあげられるかもしれませんよ。私は何度かその経験がありますのでご紹介させていただきました（笑）。

　さて、次からは残りの半分であるBから始まる判定を掲載していきますが、もちろんこちらは1位の勝率がグッと下がることになりますので、その違いなども楽しみながら読み進めていただければと思います。

[Bトップの8パターン]

9) B B B B
未勝利戦の混戦レースでは
当てに行かず勝ちに行くこと！

KOL1位	3.0以上	B
KOL2位	4.0以上	B
KOL3位	5.5以上	B
KOL4位	8.0以上	B

　ここからが1位がB判定となる（Bトップ）分類の説明、狙い目のご紹介となっていきます。先程も書きましたがここからは1位の信頼度が落ちるということが特徴になるわけですね。表を見ての通りですが1位の勝率が27％まで落ちていますが、ここまでに掲載したAから始まるパターンは40％以上が普通でしたので大きな差がありますよね。同じ競馬新聞の同じ予想オッズの1位の勝率がここまで差が出るということは予想をしていく上でかなり参考になる情報だと思います。

　さて、BBBBという判定ですが5位以下の馬が急激に良くなるということではなく、混戦ムードで割れたオッズの中でどの馬にもチャンスがあるようなレースに偏りすぎることで逆に順位別ではあまり特徴がないということになります。

成績から見たPOINT

○狙い目難しいパターンも
　予想オッズ11位の単勝回収値が100超
○予想オッズ3位・13位・14位の単勝回収値に注目

[第4章] ミリオンダラー AAAA（クアッドエー）

■ BBBB での成績

予想オッズ順位	着別度数	勝率	連対率	複勝率	単勝回収値	複勝回収値
1位	168- 102- 86- 262/ 618	27.2%	43.7%	57.6%	76	81
2位	98- 82- 65- 377/ 622	15.8%	28.9%	39.4%	74	71
3位	80- 60- 59- 422/ 621	12.9%	22.5%	32.0%	98	77
4位	47- 56- 53- 466/ 622	7.6%	16.6%	25.1%	76	75
5位	43- 53- 45- 497/ 638	6.7%	15.0%	22.1%	76	74
6位	39- 54- 43- 483/ 619	6.3%	15.0%	22.0%	85	78
7位	26- 44- 40- 504/ 614	4.2%	11.4%	17.9%	58	75
8位	21- 43- 49- 503/ 616	3.4%	10.4%	18.3%	78	93
9位	22- 35- 39- 531/ 627	3.5%	9.1%	15.3%	68	85
10位	19- 21- 40- 530/ 610	3.1%	6.6%	13.1%	66	93
11位	15- 20- 29- 560/ 624	2.4%	5.6%	10.3%	101	74
12位	11- 9- 23- 591/ 634	1.7%	3.2%	6.8%	65	54
13位	12- 14- 27- 613/ 666	1.8%	3.9%	8.0%	95	87
14位	10- 14- 12- 677/ 713	1.4%	3.4%	5.0%	99	62
15位	7- 8- 8- 588/ 611	1.1%	2.5%	3.8%	45	45
16位	3- 6- 4- 424/ 437	0.7%	2.1%	3.0%	93	58
17位	2- 1- 1- 151/ 155	1.3%	1.9%	2.6%	59	43
18位	0- 1- 0- 48/ 49	0.0%	2.0%	2.0%	0	20

　特徴がないので馬券的にはあまり狙い所がないのですが、未勝利戦に限定をすると特に荒れる傾向が強くなります。未勝利戦というのは前走2着の馬が1頭いるだけでもオッズは偏るようなことが多いわけですので、未勝利戦で予想オッズがこの判定となると相当特徴のない実績もない馬がひしめき合っているということが多いです。

　実際にこの分類での未勝利戦では何と出走馬全ての単勝を買っても毎年回収率が90%以上あるという異常な結果になっているのです。また予想オッズ1・2位を除くだけでも回収率が105%、前走6着以下の馬に限定すると該当馬がレースを勝つ確率が31.8%で回収率が119%ありますので穴狙いに適しています。

2017年7月16日　中京3R

1着馬　ライクアエンジェル

枠番	馬番	馬名	人気	単勝オッズ	予想人気	予想オッズ	判定
4	8	コペルニクス	1	2.5	1	3.0	B
4	7	アオイスカーレット	2	3.4	2	4.0	B
1	2	ギルデドアーマー	3	7.6	3	6.2	B
7	15	ジョンドゥ	4	9.1	4	8.2	B

着順	枠番	馬番	馬名	人気	単勝オッズ	予想人気	予想オッズ	判定
1	7	14	ライクアエンジェル	8	33.4	13	42.4	
2	4	8	コペルニクス	1	2.5	1	3.0	B
3	1	2	ギルデドアーマー	3	7.6	3	6.2	B
4	4	7	アオイスカーレット	2	3.4	2	4.0	B
5	7	15	ジョンドゥ	4	9.1	4	8.2	B
6	2	4	ミラクルツリー	14	191.7	15	49.1	
7	8	16	ラニカイブルーム	5	9.3	5	10.1	
8	5	9	バーボネラ	12	87.7	16	49.1	
9	7	13	カリブハーブ	6	19.4	6	13.3	
10	3	5	リーゼントシャルフ	13	117.8	11	30.8	
11	8	18	スプリングボックス	7	25.9	8	25.9	
12	2	3	メイショウマルコマ	11	67.2	12	34.8	
13	3	6	ベルメーリャ	9	43.3	7	19.5	
14	8	17	ダイナマイトガイ	15	268.3	10	28.4	
15	1	1	カフジジュエル	16	277.0	18	50.0	
16	6	12	シャムシエル	10	45.6	9	26.3	
17	5	10	ウォルト	17	391.3	14	45.6	
18	6	11	ニホンピロサーラス	18	543.7	17	49.1	

単勝	14 ¥3340
複勝	14 ¥470 / 8 ¥120 / 2 ¥220
枠連	4-7 ¥430 (2)
馬連	08-14 ¥4550 (14)
ワイド	08-14 ¥1450 (15)/ 02-14 ¥2990 (31)/ 02-08 ¥490 (2)
馬単	14-08 ¥11000 (34)
3連複	02-08-14 ¥9370 (28/816)
3連単	14-08-02 ¥116070 (309/4896)

[第4章] ミリオンダラー AAAA（クアッドエー）

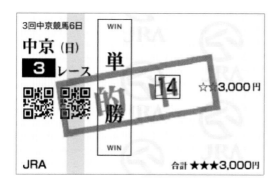

　意外にも人気が偏っていたレースで1番人気が実オッズ2.5倍、2番人気が3.4倍と2強オッズになっていました。
　勝利したライクアエンジェルは前走高★でもまずまずの競馬をしていましたが8番人気33.4倍の人気薄でしたので意気揚々と馬券を購入して的中することができたのですが、金額を間違えて0を1つ少なく買ってしまってレース後に肩を落とすことになったという思い出があるレースです。ライクアエンジェルはこの勝利が最初で最後の勝利となりましたが、このような未勝利戦で人気薄の穴をあける馬を狙ってみてはいかがでしょうか。

10) BBBA
最も該当レースの多いパターン

KOL1位	3.0以上	B
KOL2位	4.0以上	B
KOL3位	5.5以上	B
KOL4位	7.9以下	A

1・2・3位がB判定で4位のみがAというケースですが、実はこれが最も該当することが多いパターンなのです（Aから始まる分類も含めて）。とはいえ全体の半分などではなく15%程度となりますが、特徴の薄い混戦であるというイメージになるレースです。基本的には玉石混交のような状態ですので、その中から実力・経験がある馬をピックアップするという方法が適していることになります。そこで前走のRレベルを見ると明らかに高＋以上の成績が優秀です。

■ BBBAでの成績

予想オッズ順位	着別度数	勝率	連対率	複勝率	単勝回収値	複勝回収値
1位	430- 252- 194- 776/ 1652	26.0%	41.3%	53.0%	81	79
2位	248- 255- 216- 933/ 1652	15.0%	30.4%	43.5%	75	81
3位	194- 186- 184-1086/ 1650	11.8%	23.0%	34.2%	80	76
4位	197- 165- 163-1127/ 1652	11.9%	21.9%	31.8%	91	77
5位	140- 151- 149-1250/ 1690	8.3%	17.2%	26.0%	74	73
6位	119- 148- 148-1219/ 1634	7.3%	16.3%	25.4%	84	83
7位	82- 104- 129-1332/ 1647	5.0%	11.3%	19.1%	77	74
8位	66- 91- 93-1398/ 1648	4.0%	9.5%	15.2%	76	76
9位	48- 67- 80-1452/ 1647	2.9%	7.0%	11.8%	71	74
10位	38- 69- 76-1482/ 1665	2.3%	6.4%	11.0%	66	80
11位	29- 49- 53-1571/ 1702	1.7%	4.6%	7.7%	61	67
12位	30- 32- 46-1619/ 1727	1.7%	3.6%	6.3%	75	70
13位	11- 22- 48-1643/ 1724	0.6%	1.9%	4.7%	25	53
14位	11- 37- 41-1604/ 1693	0.6%	2.8%	5.3%	40	81
15位	8- 15- 22-1419/ 1464	0.5%	1.6%	3.1%	81	66
16位	6- 6- 11- 692/ 715	0.8%	1.7%	3.2%	74	51
17位	2- 4- 4- 199/ 209	1.0%	2.9%	4.8%	60	127
18位	0- 1- 1- 65/ 67	0.0%	1.5%	3.0%	0	63

■ BBBAでの今走Rレベルの成績

今走Rレベル	着別度数	勝率	連対率	複勝率	単勝回収値	複勝回収値
高★	254- 257- 249-2768/3528	7.2%	14.5%	21.5%	81	79
高＋	488- 474- 494-5109/6565	7.4%	14.7%	22.2%	89	86
高−	323- 338- 336-4126/5123	6.3%	12.9%	19.5%	67	74
普通	198- 208- 198-2759/3363	5.9%	12.1%	18.0%	55	65
低＋	112- 91- 101-1502/1806	6.2%	11.2%	16.8%	67	70
低−	40- 40- 41- 743/ 864	4.6%	9.3%	14.0%	49	52
低★	1- 3- 4- 93/ 101	1.0%	4.0%	7.9%	4	22

　また今走も高＋以上とすれば更に混戦度が増してきますので、波乱要素も増える傾向にあります。その中で該当馬がR＋、R−に該当している馬が人気問わず混戦の中でも実力が足りていて上位候補になりますし、人気的にも穴馬も該当してきますので馬券的な妙味が生まれてきます。例えば該当馬の3連複ボックスでも的中率が25.0%、回収率が108%ほどありますので単純に手広く狙うというのも手ですし、目線を変えれば「その中に期待値の高い馬券が眠っている」という考え方ができますので、該当馬の中から馬券構成をして高配当を狙うというような手法も当然合います。

成績から見たPOINT

○なかなか特徴がつかみづらい
○予想オッズ17位の複勝回収値に注目
○予想オッズ4位の単勝回収値が高め

2018年4月21日　福島9R

1着馬　ジャコマル

枠番	馬番	馬名	人気	単勝オッズ	予想人気	予想オッズ	判定
7	14	グレンマクナス	1	2.6	1	4.5	B
6	12	ゼニステレスコープ	2	6.6	2	4.9	B
2	4	ショウドゥロワ	4	8.3	3	5.6	B
1	1	モレッキ	3	6.7	4	7.7	A

着順	枠番	馬番	馬名	人気	単勝オッズ	予想人気	予想オッズ	判定
1	4	8	ジャコマル	5	11.7	9	23.9	
2	1	2	スーパーブレイク	7	15.1	5	7.8	
3	1	1	モレッキ	3	6.7	4	7.7	A
4	8	15	ガウディウム	6	13.2	6	9.4	
5	7	14	グレンマクナス	1	2.6	1	4.5	B
6	7	13	コスモリョウゲツ	11	25.4	7	11.1	
7	6	11	ミュゼリバイアサン	15	208.7	13	30.2	
8	5	10	パラノーマル	8	15.6	8	12.3	
9	5	9	ミヤビエメライン	12	106.1	15	50.0	
10	6	12	ゼニステレスコープ	2	6.6	2	4.9	B
11	4	7	モハー	10	21.0	14	38.7	
12	3	5	ダノングランツ	13	136.4	12	27.6	
13	2	4	ショウドゥロワ	4	8.3	3	5.6	B
14	3	6	エール	9	19.0	10	25.9	
15	2	3	ワイルドグラス	14	207.5	11	26.9	
16	8	16	オンワードミシガン	16	294.5	16	50.0	

単勝	8 ¥1170
複勝	8 ¥440 / 2 ¥390 / 1 ¥330
枠連	1-4 ¥2350 (9)
馬連	02-08 ¥7560 (29)
ワイド	02-08 ¥2180 (29)/ 01-08 ¥1810 (21)/ 01-02 ¥1560 (20)
馬単	08-02 ¥15150 (59)
3連複	01-02-08 ¥19730 (74/560)
3連単	08-02-01 ¥144770 (514/3360)

[第4章] ミリオンダラー AAAA（クアッドエー）

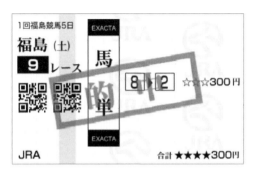

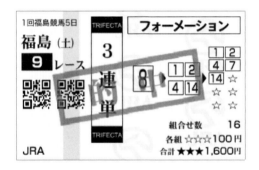

　該当馬は8頭いましたが、1・2番人気は馬券外となり5番人気ジャコマル、7番人気スーパーブレイク、3番人気モレッキが1・2・3着となり馬連75.6倍、馬単151.5倍、3連単1447.7倍という配当になりました。仮に3連複でボックス買いでも56点で3連複配当が197.3倍ですのでプラスになるレースでしたがより高い収支を狙うためにその中から絞り込んで馬券を構成したという例になるレースです。

11) B B A B

2分の1の勝率から馬券を狙ってみたいレース

KOL1位	3.0以上	B
KOL2位	4.0以上	B
KOL3位	5.4以下	A
KOL4位	8.0以上	B

　意外と予想オッズ1位が善戦しており、回収率もほどほどにあります。また下位の成績が良くなく、荒れそうな条件なのですが、配当が高めの上位人気が勝利することが多い傾向にあり、特に実オッズを見ると1番2番人気の回収率85％を超えているということも特徴のレースです。ですが目立った特徴があるというわけでもないので、狙い目があまりないパターンですし、馬券的には難解であるようなレースが多いです。

成績から見たPOINT

　　　○予想オッズ11位・12位の単勝回収値が優秀
　　　○予想オッズ9位の単勝回収値が低め

[第4章] ミリオンダラー AAAA (クアッドエー)

■ BBABでの成績

予想オッズ順位	着別度数	勝率	連対率	複勝率	単勝回収値	複勝回収値
1位	72- 48- 30- 115/ 265	27.2%	45.3%	56.6%	81	81
2位	55- 45- 30- 135/ 265	20.8%	37.7%	49.1%	91	82
3位	38- 35- 36- 159/ 268	14.2%	27.2%	40.7%	64	74
4位	20- 20- 22- 204/ 266	7.5%	15.0%	23.3%	89	70
5位	22- 23- 20- 210/ 275	8.0%	16.4%	23.6%	81	73
6位	11- 21- 33- 198/ 263	4.2%	12.2%	24.7%	59	91
7位	10- 17- 24- 216/ 267	3.7%	10.1%	19.1%	48	90
8位	10- 15- 15- 231/ 271	3.7%	9.2%	14.8%	68	64
9位	4- 14- 9- 244/ 271	1.5%	6.6%	10.0%	29	55
10位	7- 8- 12- 236/ 263	2.7%	5.7%	10.3%	85	75
11位	9- 8- 11- 243/ 271	3.3%	6.3%	10.3%	156	89
12位	6- 5- 11- 252/ 274	2.2%	4.0%	8.0%	101	76
13位	0- 5- 3- 288/ 296	0.0%	1.7%	2.7%	0	23
14位	4- 4- 6- 270/ 284	1.4%	2.8%	4.9%	57	61
15位	0- 1- 3- 275/ 279	0.0%	0.4%	1.4%	0	26
16位	0- 0- 2- 129/ 131	0.0%	0.0%	1.5%	0	38
17位	0- 0- 1- 36/ 37	0.0%	0.0%	2.7%	0	53
18位	0- 0- 0- 8/ 8	0.0%	0.0%	0.0%	0	0

　無理にでも狙うという場合なら予想オッズ1・2位を今走Rレベル高＋以上で狙うという形で、オッズが割れているのに信頼度はそこそこで回収率的にも98％ありますのでこれを頭にした馬券というのが適しています。該当馬2頭がレースを勝利する確率が52.5％ありますので、2頭の中の1頭以上が3着以内に入る確率が80％ほどありますので馬券の中心にして堅実な馬券を狙っていくということに関しては効果的です。

2018年2月12日　　東京12R

1着馬　リヴェルディ

枠番	馬番	馬名	人気	単勝オッズ	予想人気	予想オッズ	判定
3	5	リヴェルディ	1	3.2	1	3.4	B
7	13	ジェイケイライアン	3	5.8	2	4.9	B
2	4	アンティノウス	2	4.6	3	5.0	A
6	12	ディアコンチェルト	5	8.7	4	8.6	B

着順	枠番	馬番	馬名	人気	単勝オッズ	予想人気	予想オッズ	判定
1	3	5	リヴェルディ	1	3.2	1	3.4	B
2	5	9	パイロキネシスト	6	14.1	6	9.7	
3	2	4	アンティノウス	2	4.6	3	5.0	A
4	6	11	アオイサンシャイン	7	14.9	8	21.2	
5	8	16	メイショウボンロク	8	22.7	9	26.9	
6	6	12	ディアコンチェルト	5	8.7	4	8.6	B
7	8	15	サトノダヴィンチ	12	65.5	14	42.6	
8	7	13	ジェイケイライアン	3	5.8	2	4.9	B
9	1	1	デブリン	13	194.2	15	44.6	
10	5	10	ブルーボサノヴァ	15	227.8	10	29.2	
11	4	7	ポップアップスター	4	7.9	5	9.3	
12	1	2	エグランティーナ	14	218.0	13	36.0	
13	7	14	ハシカミ	10	30.9	7	10.8	
14	3	6	コパノビジン	11	34.2	12	34.1	
15	4	8	エターナルヒーロー	16	442.0	16	50.0	
16	2	3	ミスパイロ	9	26.6	11	30.2	

単勝	5 ¥320
複勝	5 ¥140 / 9 ¥340 / 4 ¥200
枠連	3-5 ¥1930 (8)
馬連	05-09 ¥1670 (5)
ワイド	05-09 ¥650 (6)/ 04-05 ¥500 (3)/ 04-09 ¥1530 (19)
馬単	05-09 ¥2630 (7)
3連複	04-05-09 ¥4250 (11/560)
3連単	05-09-04 ¥19190 (42/3360)

[第4章] ミリオンダラー AAAA（クアッドエー）

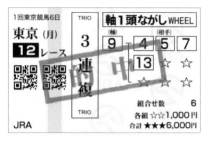

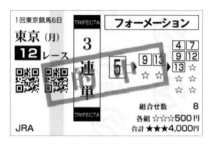

　1番人気のリヴェルディですがオッズは3.2倍と半信半疑という評価もあったと思いますがこのレースで前走高★レベル経由だったのは1着のリヴェルディと2着のパイロキネシスト、ともう1頭だけでしたので経験値がある馬を優先して馬券を狙ったレースでした。

12) B B A A

**1・2番人気を超える
3・4番人気が生まれるレアケース**

KOL1位	3.0以上	B
KOL2位	4.0以上	B
KOL3位	5.4以下	A
KOL4位	7.9以下	A

　予想オッズ1位と2位がBで3位4位がAということが素直に結果に出ている条件で、3位と4位が狙い目になっているレースですね。3位に関しては2位と差のない勝率を持っていることが特徴ですし、1位の勝率が21.8%しかないことも大きな特徴だと言えます。この3位4位が1位2位と逆転する割合を上げるためには、まずR＋かR－に該当していることが重要となります。これだけでも該当馬が勝利している確率が25.8%と高いですし回収率も90%と高い結果が出ています。

成績から見たPOINT

○予想オッズ7位の単勝回収値が唯一100超
○予想オッズ3位・4位の単複回収値に注目

[第4章] ミリオンダラー AAAA（クアッドエー）

■ BBAAでの成績

予想オッズ順位	着別度数	勝率	連対率	複勝率	単勝回収値	複勝回収値
1位	295- 243- 182- 631/ 1351	21.8%	39.8%	53.3%	70	79
2位	230- 213- 191- 719/ 1353	17.0%	32.7%	46.9%	79	81
3位	236- 175- 156- 785/ 1352	17.5%	30.4%	41.9%	90	78
4位	170- 183- 159- 841/ 1353	12.6%	26.1%	37.8%	85	81
5位	121- 130- 139- 984/ 1374	8.8%	18.3%	28.4%	72	74
6位	75- 104- 107- 1060/ 1346	5.6%	13.3%	21.2%	80	75
7位	74- 82- 95- 1105/ 1356	5.5%	11.5%	18.5%	102	81
8位	40- 55- 78- 1181/ 1354	3.0%	7.0%	12.8%	72	73
9位	26- 37- 62- 1261/ 1386	1.9%	4.5%	9.0%	59	61
10位	28- 36- 59- 1232/ 1355	2.1%	4.7%	9.1%	83	81
11位	21- 35- 41- 1274/ 1371	1.5%	4.1%	7.1%	78	67
12位	18- 21- 41- 1306/ 1386	1.3%	2.8%	5.8%	77	70
13位	14- 16- 20- 1325/ 1375	1.0%	2.2%	3.6%	57	47
14位	8- 13- 19- 1235/ 1275	0.6%	1.6%	3.1%	37	46
15位	3- 9- 7- 807/ 826	0.4%	1.5%	2.3%	61	43
16位	0- 8- 2- 324/ 334	0.0%	2.4%	3.0%	0	40
17位	0- 0- 0- 63/ 63	0.0%	0.0%	0.0%	0	0
18位	0- 0- 0- 12/ 12	0.0%	0.0%	0.0%	0	0

　付加していく条件としては、これで今走1番人気になってしまっていては意味がありませんので人気要素を省くという意味で前走1番人気は消したいところです。また前走1着馬は昇級戦が多いので問題なしとして前走2・3着馬を消して、今走Rレベルは普通以上に限定をします。ここまで絞り込むと該当している予想オッズ3・4位がそれぞれ実オッズでの平均人気が3番人気・4番人気に落ち着きますので1番人気・2番人気に競るぐらい勝率の高い3番人気・4番人気を狙うことができるということになります。

2018年12月1日　中京5R

1着馬　マイアフェクション

枠番	馬番	馬名	人気	単勝オッズ	予想人気	予想オッズ	判定
1	2	プエルタデルソル	1	3.7	1	3.4	B
8	16	ロードキング	3	4.6	2	4.0	B
8	15	メイショウザシ	2	3.9	3	4.6	A
7	13	マイアフェクション	4	12.4	4	4.9	A

着順	枠番	馬番	馬名	人気	単勝オッズ	予想人気	予想オッズ	判定
1	7	13	マイアフェクション	4	12.4	4	4.9	A
2	8	15	メイショウザシ	2	3.9	3	4.6	A
3	1	2	プエルタデルソル	1	3.7	1	3.4	B
4	3	5	スマートウェールズ	14	68.5	16	50.0	
5	8	16	ロードキング	3	4.6	2	4.0	B
6	5	10	メイショウナンプウ	8	20.7	5	15.3	
7	5	9	レアバード	15	83.6	15	40.3	
8	2	4	ショウナンマリブ	7	17.5	8	25.4	
9	6	12	ヒロノワカムシャ	16	85.7	11	30.9	
10	4	8	ベルクカッツェ	5	12.9	6	19.1	
11	2	3	ジャカンドジョー	6	14.0	13	37.9	
12	3	6	ブリーズスズカ	11	39.4	7	23.5	
13	7	14	フッカツノノロシ	9	24.6	14	40.0	
14	6	11	スターオンザヒル	13	62.0	10	30.7	
15	1	1	ゲンパチマサムネ	12	39.7	12	35.4	
16	4	7	サンヘレナ	10	25.9	9	30.1	

単勝	13 ¥1240
複勝	13 ¥310 / 15 ¥180 / 2 ¥150
枠連	7-8 ¥930 (3)
馬連	13-15 ¥2220 (5)
ワイド	13-15 ¥890 (6)/ 02-13 ¥990 (7)/ 02-15 ¥430 (2)
馬単	13-15 ¥5610 (17)
3連複	02-13-15 ¥3540 (4/560)
3連単	13-15-02 ¥26450 (53/3360)

[第4章] ミリオンダラー AAAA（クアッドエー）

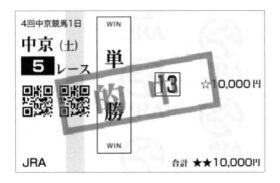

　予想オッズ3位のメイショウワザシは実オッズで2番人気になっていましたので、実質的な狙い目は予想オッズ4位で単勝オッズが3位からかなり離れた12.4倍のマイアフェクションだけというところでした。結果は見事逃げ切り勝利となり、見事に中穴配当を運んでくれました。

13) B A B B

逆転現象を狙うか大穴を狙うか、
どちらにしても注目のパターン

KOL1位	3.0以上	B
KOL2位	3.9以下	A
KOL3位	5.5以上	B
KOL4位	8.0以上	B

　予想オッズ2位だけAということで、予想オッズ1位の勝率を2位が上回っている逆転現象が起きている特殊なパターンとなっています。まず、最初の狙い目としては素直に予想オッズ2位となりますが、より信頼度を高めるために今走R+かR－に該当している馬で前走1～5着までの馬をチョイスします。これで勝率29.1%、回収率95%と高いですから馬単や3連単の頭としては活用できますし、このケースに該当する競走馬、該当数は多くありませんが重賞で過去3年全勝しているという結果も出ています。

成績から見たPOINT

　〇予想オッズ15位・16位・17位の単勝回収値に注目
　〇予想オッズ4位・8位・10位・12位の単勝回収値が優秀

[第4章] ミリオンダラー AAAA (クアッドエー)

■ BABB での成績

予想オッズ順位	着別度数	勝率	連対率	複勝率	単勝回収値	複勝回収値
1位	71- 65- 35- 110/ 281	25.3%	48.4%	60.9%	67	81
2位	73- 53- 30- 125/ 281	26.0%	44.8%	55.5%	89	81
3位	27- 29- 34- 190/ 280	9.6%	20.0%	32.1%	68	71
4位	27- 22- 30- 201/ 280	9.6%	17.5%	28.2%	125	82
5位	14- 20- 28- 223/ 285	4.9%	11.9%	21.8%	66	68
6位	9- 19- 25- 227/ 280	3.2%	10.0%	18.9%	47	75
7位	13- 19- 21- 227/ 280	4.6%	11.4%	18.9%	79	70
8位	14- 7- 22- 235/ 278	5.0%	7.6%	15.5%	158	92
9位	8- 11- 19- 243/ 281	2.8%	6.8%	13.5%	71	95
10位	9- 10- 4- 260/ 283	3.2%	6.7%	8.1%	128	56
11位	4- 5- 10- 264/ 283	1.4%	3.2%	6.7%	50	51
12位	5- 5- 6- 278/ 294	1.7%	3.4%	5.4%	114	62
13位	1- 4- 4- 283/ 292	0.3%	1.7%	3.1%	21	42
14位	0- 7- 7- 321/ 335	0.0%	2.1%	4.2%	0	46
15位	3- 4- 5- 222/ 234	1.3%	3.0%	5.1%	116	97
16位	2- 1- 0- 104/ 107	1.9%	2.8%	2.8%	125	32
17位	1- 0- 1- 28/ 30	3.3%	3.3%	6.7%	124	187
18位	0- 0- 0- 7/ 7	0.0%	0.0%	0.0%	0	0

またもう1つの穴の狙い目として予想オッズ8位以下で前走Rレベル高+以上という条件があり、レース勝率は10.3%と高くありませんが回収率110.8%、平均40倍程度の単勝が狙えるということで個人的にもよく狙っています。

2018年7月1日　　　　　　　　　　中京7R

1着馬　ワンダーレアリサル

枠番	馬番	馬名	人気	単勝オッズ	予想人気	予想オッズ	判定
6	12	ジュエアトゥー	1	2.7	1	3.7	B
8	16	マッカートニー	2	4.4	2	3.9	A
5	9	ホイールバーニング	3	6.2	3	5.6	B
1	1	メイショウテンモン	4	7.0	4	8.7	B

着順	枠番	馬番	馬名	人気	単勝オッズ	予想人気	予想オッズ	判定
1	1	2	ワンダーレアリサル	9	30.3	8	16.8	
2	6	11	クリノアントニヌス	13	83.1	15	42.8	
3	8	16	マッカートニー	2	4.4	2	3.9	A
4	5	9	ホイールバーニング	3	6.2	3	5.6	B
5	3	5	メイショウナガマサ	11	42.9	14	38.7	
6	2	3	ブラックランナー	7	21.9	5	11.0	
7	6	12	ジュエアトゥー	1	2.7	1	3.7	B
8	4	7	キングレイスター	14	117.2	16	50.0	
9	3	6	キングヴァラール	12	74.2	13	38.5	
10	8	15	キングディグニティ	8	22.0	6	11.2	
11	4	8	クリノケンリュウ	10	35.0	9	16.8	
12	2	4	チャーチタウン	5	12.3	7	14.1	
13	7	13	ナムラスパルタクス	6	18.9	11	24.3	
14	1	1	メイショウテンモン	4	7.0	4	8.7	B
15	5	10	カクリョウ	16	249.5	12	36.1	
16	7	14	シーレーン	15	153.8	10	24.2	

単　勝	2 ¥3030
複　勝	2 ¥740 / 11 ¥1730 / 16 ¥210
枠　連	1-6 ¥790 (2)
馬　連	02-11 ¥74910 (85)
ワイド	02-11 ¥16500 (87)/ 02-16 ¥1830 (21)/ 11-16 ¥3470 (38)
馬　単	02-11 ¥110400 (149)
3 連複	02-11-16 ¥68840 (166/560)
3 連単	02-11-16 ¥659420 (1210/3360)

[第4章] ミリオンダラー AAAA（クアッドエー）

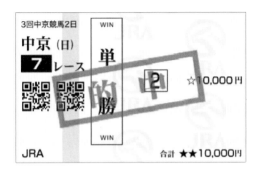

　伏兵のワンダーレアリサルが単勝30.3倍の低評価で1着となったレース。今走Rレベルは高★判定でしたが上位争いをした馬は全て前走高★で、ワンダーレアリサルも高★のレース経由でしたので穴候補としてはかなり狙いやすい1頭だったと思います。これぐらいの配当をコンスタントに的中していくとプラス収支が現実的になっていきます。

14) BABA
ダートの混戦は前走より
相手関係が楽になる馬が穴候補！

KOL1位	3.0以上	B
KOL2位	3.9以下	A
KOL3位	5.5以上	B
KOL4位	7.9以下	A

　3位の回収率が高いのですが、勝率で見ると1～4位が低調ながらも偏っていて混戦であり、また下位は下位で混戦になっているようなレースです。一見するとあまり狙い所がなさそうなレースではあるのですが上位も下位でも効率よく狙える条件として、前走Rレベル高＋以上で3着以下9着までの馬で、今走Rレベル高＋以下という条件です。前走負けているが今走相手関係が楽になるタイプの馬が混戦で活躍している傾向があり、レース勝率31.8%回収率112%とバランスの良い狙い目となります。

成績から見たPOINT

○予想オッズ17位の複勝回収値が420と驚異的
○予想オッズ3位・8位の単勝回収値に注目

■ BABAでの成績

予想オッズ順位	着別度数	勝率	連対率	複勝率	単勝回収値	複勝回収値
1位	107- 68- 49-154/ 378	28.3%	46.3%	59.3%	79	81
2位	81- 77- 54-166/ 378	21.4%	41.8%	56.1%	74	83
3位	48- 43- 57-230/ 378	12.7%	24.1%	39.2%	107	92
4位	43- 47- 40-248/ 378	11.4%	23.8%	34.4%	82	79
5位	26- 40- 33-283/ 382	6.8%	17.3%	25.9%	63	70
6位	14- 26- 33-306/ 379	3.7%	10.6%	19.3%	48	58
7位	17- 22- 22-319/ 380	4.5%	10.3%	16.1%	71	70
8位	14- 18- 19-331/ 382	3.7%	8.4%	13.4%	102	77
9位	7- 10- 15-345/ 377	1.9%	4.5%	8.5%	75	68
10位	10- 5- 13-362/ 390	2.6%	3.8%	7.2%	94	61
11位	4- 8- 13-364/ 389	1.0%	3.1%	6.4%	59	71
12位	2- 4- 12-374/ 392	0.5%	1.5%	4.6%	31	54
13位	3- 4- 6-376/ 389	0.8%	1.8%	3.3%	81	56
14位	3- 2- 9-324/ 338	0.9%	1.5%	4.1%	44	65
15位	2- 1- 4-186/ 193	1.0%	1.6%	3.6%	66	55
16位	1- 0- 1-110/ 112	0.9%	0.9%	1.8%	65	13
17位	0- 3- 0- 12/ 15	0.0%	20.0%	20.0%	0	420
18位	0- 0- 0- 4/ 4	0.0%	0.0%	0.0%	0	0

　特にダートレースでの好成績が目立つ条件で、ダートに限定をすると回収率が140％ほどもあります。効率的に行くのであれば成績の劣る芝は見送ってダートでの該当レースを攻める方が良いです。この絞り込み方だと自然と人気上位狙いから人気薄狙いまですることになりますので予想をしていて楽しく感じることができるかもしれませんね。

[第4章] ミリオンダラー AAAA (クアッドエー)

2016年10月23日　　東京8R
1着馬　イーグルフェザー

枠番	馬番	馬名	人気	単勝オッズ	予想人気	予想オッズ	判定
2	4	オホーツク	2	4.2	1	3.6	B
5	10	ダイワインパルス	1	3.4	2	3.7	A
8	16	トーセンラムセス	3	6.0	3	6.8	B
6	12	アルファアリエス	6	11.4	4	7.5	A

着順	枠番	馬番	馬名	人気	単勝オッズ	予想人気	予想オッズ	判定
1	3	5	イーグルフェザー	5	8.4	5	11.9	
2	5	10	ダイワインパルス	1	3.4	2	3.7	A
3	8	15	エバーキュート	4	6.4	6	13.1	
4	8	16	トーセンラムセス	3	6.0	3	6.8	B
5	2	4	オホーツク	2	4.2	1	3.6	B
6	4	8	メリーウィドウ	7	18.4	8	13.3	
7	5	9	ヤンキーソヴリン	14	159.6	11	32.2	
8	2	3	エターナルヒーロー	11	54.3	15	48.9	
9	7	14	ダノンミシガン	15	189.8	16	50.0	
10	7	13	ロジテースト	16	307.5	14	39.6	
11	6	12	アルファアリエス	6	11.4	4	7.5	A
12	6	11	ゴールドリーガル	12	62.1	12	35.9	
13	1	2	デジタルフラッシュ	10	46.3	9	18.3	
14	4	7	キータイプ	8	27.5	7	13.2	
15	1	1	イダカイマ	9	42.4	10	19.9	
16	3	6	ヨウライフク	13	65.0	13	38.6	

単勝	5 ¥840
複勝	5 ¥250 / 10 ¥140 / 15 ¥180
枠連	3-5 ¥1770 (8)
馬連	05-10 ¥1810 (6)
ワイド	05-10 ¥660 (6)/ 05-15 ¥1100 (14)/ 10-15 ¥400 (3)
馬単	05-10 ¥4220 (16)
3連複	05-10-15 ¥3160 (8/560)
3連単	05-10-15 ¥19700 (51/3360)

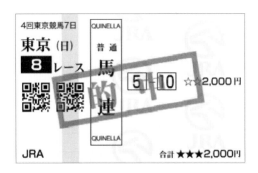

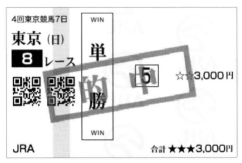

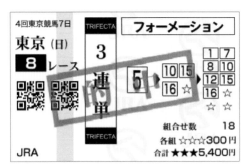

　豪快な差し切り勝ちで前走の悔しさを晴らしたイーグルフェザー。前走は3歳重賞のユニコーンステークス（高＋）に出走して8着でしたが、レース前に落鉄をして打ち直しをしたのにレース中にまた落鉄をしていたという不運な馬でした。機械的な予想というのはもちろん悪くないのですが、できれば競馬自体をしっかり見てデジタルとアナログの融合で予想ができるようになるともっと面白くなりますよ。

[第4章] ミリオンダラー AAAA（クアッドエー）

15) B A A B

波乱の少ないレースは波乱後に買うという作戦も

KOL1位	3.0以上	B
KOL2位	3.9以下	A
KOL3位	5.4以下	A
KOL4位	8.0以上	B

　2位3位の勝率が比較的高めで、1位もほどほどに勝利しているレースです。4位以下の成績が極端に落ち込みますし、穴もそう多くない傾向がありますので、ここは素直に予想オッズ1・2・3位を狙いたいところです。特に今走Rレベル高－以下であればライバルが少ないので成績が伸びて、該当馬がレースを勝利する確率が80.3%とかなり高くなっています。回収率は102%程度ですが、この3頭がそろって負けたレースはこの3年間で2連続までしかないですので、1回負けた次のレースから狙うというような反動狙いの方法も使えますね。

成績から見たPOINT

○予想オッズ16位の単勝回収値に注目
○予想オッズ9位の単複回収値が優秀
○予想オッズ13位の単勝回収値が100超

■ BAAB での成績

予想オッズ順位	着別度数	勝率	連対率	複勝率	単勝回収値	複勝回収値
1位	80- 51- 32- 110/ 273	29.3%	48.0%	59.7%	83	82
2位	71- 44- 47- 112/ 274	25.9%	42.0%	59.1%	90	88
3位	44- 47- 45- 138/ 274	16.1%	33.2%	49.6%	83	86
4位	20- 28- 26- 199/ 273	7.3%	17.6%	27.1%	74	75
5位	12- 15- 29- 221/ 277	4.3%	9.7%	20.2%	68	63
6位	8- 28- 17- 224/ 277	2.9%	13.0%	19.1%	31	72
7位	10- 17- 22- 219/ 268	3.7%	10.1%	18.3%	75	75
8位	7- 12- 16- 240/ 275	2.5%	6.9%	12.7%	74	71
9位	10- 13- 9- 244/ 276	3.6%	8.3%	11.6%	163	91
10位	3- 9- 8- 264/ 284	1.1%	4.2%	7.0%	48	58
11位	2- 3- 7- 263/ 275	0.7%	1.8%	4.4%	36	42
12位	0- 3- 4- 281/ 288	0.0%	1.0%	2.4%	0	52
13位	2- 2- 3- 259/ 266	0.8%	1.5%	2.6%	101	52
14位	1- 0- 1- 226/ 228	0.4%	0.4%	0.9%	12	4
15位	2- 3- 5- 193/ 203	1.0%	2.5%	4.9%	45	54
16位	2- 0- 2- 62/ 66	3.0%	3.0%	6.1%	352	76
17位	0- 0- 0- 14/ 14	0.0%	0.0%	0.0%	0	0
18位	0- 0- 0- 2/ 2	0.0%	0.0%	0.0%	0	0

　また、より好成績を求める方法としては今走 R+ か R －馬に該当している馬に限定をして、更に前走 R レベル高－以上とすることで信頼度を強固なものにできます。回収率は113% まで伸びます。レース勝率は頭数が減るので61.2% まで下がってしまいますが回収率がこれだけ伸びるので問題はないでしょう。

[第4章] ミリオンダラー AAAA（クアッドエー）

2016年2月27日　　中山1R

1着馬　ラインセイラ

枠番	馬番	馬名	人気	単勝オッズ	予想人気	予想オッズ	判定
7	13	ラインセイラ	2	3.6	1	3.0	B
2	3	ファニーヒロイン	1	2.2	2	3.5	A
3	5	マーヤ	3	3.8	3	3.7	A
2	4	ジャンボスピリット	4	8.8	4	10.0	B

着順	枠番	馬番	馬名	人気	単勝オッズ	予想人気	予想オッズ	判定
1	7	13	ラインセイラ	2	3.6	1	3.0	B
2	2	3	ファニーヒロイン	1	2.2	2	3.5	A
3	3	5	マーヤ	3	3.8	3	3.7	A
4	1	1	ハンキードーリ	7	41.3	7	20.9	
5	2	4	ジャンボスピリット	4	8.8	4	10.0	B
6	5	10	ロトクレドール	6	40.9	6	18.4	
7	8	15	ブライティアベル	13	177.4	15	48.0	
8	5	9	キセキノムスメ	10	95.1	11	41.0	
9	6	12	ピコット	5	37.0	9	29.0	
10	6	11	リフレクシブラヴ	11	116.1	12	45.0	
11	4	7	ミニョンレーヌ	8	42.5	8	22.2	
12	3	6	ギブナッシンバック	9	66.4	5	16.0	
13	4	8	ヒナタ	15	264.8	16	50.0	
14	1	2	トーアホホエミ	16	333.6	14	48.0	
15	8	16	マウシムトウショウ	14	261.2	13	45.2	
16	7	14	ナムラリリー	12	175.2	10	37.5	

単勝	13 ¥360
複勝	13 ¥110 / 3 ¥110 / 5 ¥120
枠連	2-7 ¥340 (1)
馬連	03-13 ¥390 (1)
ワイド	03-13 ¥170 (1)/ 05-13 ¥240 (3)/ 03-05 ¥210 (2)
馬単	13-03 ¥900 (3)
3連複	03-05-13 ¥470 (1/560)
3連単	13-03-05 ¥2740 (4/3360)

　予想オッズ1位でその他条件に該当していたラインセイラでしたが実オッズでは2番人気という美味しいレースとなりました。マクって押し切る危なげない競馬で勝利しましたが、2・3着は予想オッズ2・3位に該当していたファニーヒロインとマーヤでしたので、3連単を買っておくべきだったなと後悔したことも覚えている、勉強になったレースでもありました。

[第4章] ミリオンダラー AAAA (クアッドエー)

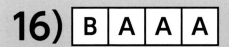

KOL1位	3.0以上	B
KOL2位	3.9以下	A
KOL3位	5.4以下	A
KOL4位	7.9以下	A

16) BAAA
前走Rレベル高＋以上の馬を狙う

　人気が低めの1位がそこそこ勝利しているので1位の回収率が高めですが、全体的に見るとあまり特徴のない成績の散らかっている印象になります。
　この散らかりをまとめるために、今走R+に該当している馬に限定をした成績を見ると予想オッズ1〜5位までが勝率二桁となりそれ以下が極端に成績不振になっているという特徴が浮かび上がります。

■ BAAAでの成績

予想オッズ順位	着別度数	勝率	連対率	複勝率	単勝回収値	複勝回収値
1位	178- 111- 100- 251/ 640	27.8%	45.2%	60.8%	85	84
2位	141- 116- 102- 280/ 639	22.1%	40.2%	56.2%	79	83
3位	113- 114- 86- 325/ 638	17.7%	35.6%	49.1%	93	84
4位	57- 84- 82- 415/ 638	8.9%	22.1%	35.0%	61	71
5位	51- 64- 66- 460/ 641	8.0%	17.9%	28.2%	77	71
6位	33- 43- 54- 515/ 645	5.1%	11.8%	20.2%	66	66
7位	17- 43- 51- 524/ 635	2.7%	9.4%	17.5%	49	87
8位	17- 25- 26- 573/ 641	2.7%	6.6%	10.6%	70	57
9位	17- 17- 24- 568/ 626	2.7%	5.4%	9.3%	120	76
10位	9- 7- 16- 583/ 615	1.5%	2.6%	5.2%	93	71
11位	3- 5- 13- 563/ 584	0.5%	1.4%	3.6%	22	46
12位	2- 4- 11- 482/ 499	0.4%	1.2%	3.4%	69	48
13位	0- 4- 6- 408/ 418	0.0%	1.0%	2.4%	0	60
14位	2- 2- 2- 308/ 314	0.6%	1.3%	1.9%	28	40
15位	1- 1- 1- 174/ 177	0.6%	1.1%	1.7%	42	13
16位	0- 0- 0- 31/ 31	0.0%	0.0%	0.0%	0	0
17位	0- 1- 0- 2/ 3	0.0%	33.3%	33.3%	0	180
18位	0- 0- 0- 1/ 1	0.0%	0.0%	0.0%	0	0

■ 今走R+該当馬のみ

予想オッズ順位	着別度数	勝率	連対率	複勝率	単勝回収値	複勝回収値
1位	136- 84- 66- 177/ 463	29.4%	47.5%	61.8%	88	84
2位	98- 85- 78- 190/ 451	21.7%	40.6%	57.9%	76	85
3位	66- 67- 60- 193/ 386	17.1%	34.5%	50.0%	89	85
4位	36- 47- 43- 212/ 338	10.7%	24.6%	37.3%	74	74
5位	27- 26- 37- 176/ 266	10.2%	19.9%	33.8%	91	81
6位	9- 16- 20- 148/ 193	4.7%	13.0%	23.3%	50	70
7位	5- 11- 17- 107/ 140	3.6%	11.4%	23.6%	58	93
8位	3- 3- 4- 81/ 91	3.3%	6.6%	11.0%	71	56
9位	1- 3- 1- 66/ 71	1.4%	5.6%	7.0%	57	39
10位	1- 0- 2- 32/ 35	2.9%	2.9%	8.6%	128	66
11位	0- 0- 1- 29/ 30	0.0%	0.0%	3.3%	0	15
12位	0- 0- 1- 14/ 15	0.0%	0.0%	6.7%	0	36
13位	0- 0- 0- 9/ 9	0.0%	0.0%	0.0%	0	0
14位	1- 0- 0- 7/ 8	12.5%	12.5%	12.5%	927	138
15位	0- 0- 0- 2/ 2	0.0%	0.0%	0.0%	0	0

ただこれでは回収率的な妙味がありませんので、他の要素を加えていくことが正解です。前走Rレベル高+以上の回収率は85%とそれ以下を経由した馬よりも10%以上高くなります。今走のRレベルは高-以下とすれば前走より楽なレースとなりますのでそこまで限定をしつつ、人気がかぶると回収率が落ちますので、前走4着以下の馬に絞り込みます。これで今走勝利する実力もあり前走より楽なのに前走目立っていない馬だけを残すことができます。該当馬は平均で1.5頭ぐらいになりますが、それでもレース勝率は36.4%と高く回収率は137.6%と申し分の無い狙い目となります。

成績から見たPOINT

○今走R+該当馬なら予想オッズ1～5位が勝率二桁
○予想オッズ9位の単勝回収値に妙味

[第4章] ミリオンダラー AAAA (クアッドエー)

2017年9月10日　　中山6R
1着馬　スクラッタ

枠番	馬番	馬名	人気	単勝オッズ	予想人気	予想オッズ	判定
5	6	サトノシャルマン	2	4.3	1	3.5	B
8	12	ドラゴンホマレ	1	3.8	2	3.8	A
3	3	ボールドアテンプト	3	5.0	3	4.8	A
7	11	ジュブリーユ	6	8.3	4	5.4	A

着順	枠番	馬番	馬名	人気	単勝オッズ	予想人気	予想オッズ	判定
1	6	8	スクラッタ	5	6.6	5	8.8	
2	7	11	ジュブリーユ	6	8.3	4	5.4	A
3	5	7	ホノカ	4	5.9	6	9.9	
4	3	3	ボールドアテンプト	3	5.0	3	4.8	A
5	6	9	トーセンメリッサ	9	65.2	8	23.3	
6	8	12	ドラゴンホマレ	1	3.8	2	3.8	A
7	4	5	モアアピール	7	20.8	7	12.8	
8	2	2	デルマアツヒメ	13	190.0	9	31.2	
9	5	6	サトノシャルマン	2	4.3	1	3.5	B
10	4	4	マーヤ	8	32.3	12	50.0	
11	8	13	オンワードラスター	11	116.0	10	42.8	
12	1	1	ウインアルディー	10	90.2	11	49.7	
13	7	10	タカラユメ	12	141.7	13	50.0	

単勝	8 ¥660
複勝	8 ¥220 / 11 ¥210 / 7 ¥270
枠連	6-7 ¥2370 (12)
馬連	08-11 ¥2210 (12)
ワイド	08-11 ¥700 (10)/ 07-08 ¥1220 (18)/ 07-11 ¥980 (14)
馬単	08-11 ¥4480 (25)
3連複	07-08-11 ¥7810 (27/286)
3連単	08-11-07 ¥48820 (172/1716)

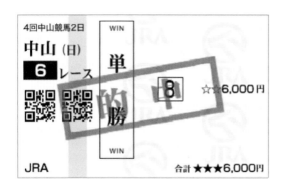

　このレースでは勝利したスクラッタともう1頭ボールドアテンプトが、この条件に該当していましたが、スクラッタが実オッズで6.6倍、ボールドアテンプトが5.0倍でしたので2頭購入してもガミになることもないオッズになっていました。仮に該当馬が4頭いてガミってしまうケースなどであれば私なら人気している馬から省いていくことにしています。重要なのは的中率より回収率、これはギャンブルの鉄則です。

[第4章] ミリオンダラー AAAA（クアッドエー）

【該当なし】

> 同数値で1位が2頭いるとか3位が2頭いるなど
> 1・2・3・4位が2頭以上いる場合

狙いは予想オッズ1位が2頭以上いるケース

　ここまで16パターンを紹介してきましたが、どれにも属さない該当なしというケースがあります。これは予想オッズ1位が3.9倍で2頭該当しているとか、2位が3頭該当しているというような場合です。競馬ブック的にもオッズの予想が難しいというときにこうなるとは考えられますが、意外とこのケースは少なくありません。一見するとあまり特徴的ではないのですが、ここではもう1段階レースを絞り込んで攻略をしていきたいと思います。

■ 予想オッズ順位別の成績

予想オッズ順位	着別度数	勝率	連対率	複勝率	単勝回収値	複勝回収値
1位	370- 270- 196- 611/ 1447	25.6%	44.2%	57.8%	75	82
2位	204- 182- 141- 590/ 1117	18.3%	34.6%	47.2%	88	82
3位	107- 132- 131- 633/ 1003	10.7%	23.8%	36.9%	63	74
4位	122- 110- 137- 700/ 1069	11.4%	21.7%	34.5%	97	82
5位	77- 84- 81- 666/ 908	8.5%	17.7%	26.7%	83	75
6位	60- 77- 89- 897/ 1123	5.3%	12.2%	20.1%	63	69
7位	46- 76- 68- 914/ 1104	4.2%	11.1%	17.2%	64	75
8位	35- 50- 68- 937/ 1090	3.2%	7.8%	14.0%	62	79
9位	33- 30- 42- 978/ 1083	3.0%	5.8%	9.7%	87	70
10位	22- 21- 56- 974/ 1073	2.1%	4.0%	9.2%	58	73
11位	10- 25- 23- 964/ 1022	1.0%	3.4%	5.7%	29	54
12位	7- 23- 25- 929/ 984	0.7%	3.0%	5.6%	51	68
13位	11- 16- 22- 910/ 959	1.1%	2.8%	5.1%	100	76
14位	5- 9- 16- 780/ 810	0.6%	1.7%	3.7%	62	64
15位	5- 9- 11- 603/ 628	0.8%	2.2%	4.0%	81	75
16位	0- 3- 4- 294/ 301	0.0%	1.0%	2.3%	0	43
17位	1- 0- 1- 91/ 93	1.1%	1.1%	2.2%	29	62
18位	0- 0- 3- 21/ 24	0.0%	0.0%	12.5%	0	217

狙うのは予想オッズ1位が2頭以上いるケースです。この場合、1頭だけの場合の回収率が69%、2頭のケースでは81%となります。そして稀ですが3頭1位の場合は118%でここ3年間で3頭のどれも勝利できなかったレースは1度しかありませんでした。

　そもそも、予想オッズ1位なら少なくとも人気薄にはならない中でその頭数が増えるほど回収率が上がるというのはいささか不思議ではあるのですが、このケースだとオッズが割れていることが当然多いですし、予想オッズ1位が3頭いたとしても実際には1番人気が3頭ということはありませんので、それが理由となって回収率が高くなっているのではないかと考えることができます。

　ここで更にその該当馬の中で2頭以上が前走4着以下であるレースを狙います。予想オッズ1位が複数頭いるのにその馬たちが前走馬券内にもこれていないなんて、相当混戦で見方によってレースへの評価が全く違うというような状況です。そんな時の予想オッズ1位は下手すれば2桁オッズになるようなこともありますがそれでも予想オッズ1位がレースを勝利している確率が47.5%ありますので回収率は95%ほどと高くなっています。また複勝回収率も100%ありますので、無理に狙うほどの成績ではありませんがこのレースパターンを買うのであれば該当馬から狙う方が良いでしょう。

[第4章] ミリオンダラー AAAA（クアッドエー）

2018年1月28日　シルクロードステークス
1着馬　ファインニードル

枠番	馬番	馬名	人気	単勝オッズ	予想人気	予想オッズ
1	1	ファインニードル	4	7.7	1	6.1
4	8	ダイアナヘイロー	1	3.9	1	6.1
7	13	カラクレナイ	3	7.5	3	6.4
7	15	ナックビーナス	6	10.4	3	6.4

着順	枠番	馬番	馬名	人気	単勝オッズ	予想人気	予想オッズ
1	1	1	ファインニードル	4	7.7	1	6.1
2	4	7	セイウンコウセイ	5	9.9	6	8.7
3	2	4	フミノムーン	15	92.6	16	33.4
4	7	13	カラクレナイ	3	7.5	3	6.4
5	7	15	ナックビーナス	6	10.4	3	6.4
6	2	3	グレイトチャーター	12	30.4	10	23.0
7	3	6	セカンドテーブル	7	16.5	11	23.1
8	5	9	キングハート	11	26.0	8	15.0
9	6	12	タマモブリリアン	17	213.2	17	43.8
10	8	17	ロードクエスト	10	20.4	7	11.7
11	1	2	アレスバローズ	2	4.9	5	7.6
12	6	11	ユキノアイオロス	18	328.1	18	50.0
13	7	14	ミッキーラブソング	13	50.8	13	30.6
14	3	5	アットザシーサイド	9	19.4	9	16.3
15	5	10	ニシケンモノノフ	8	19.4	12	27.3
16	4	8	ダイアナヘイロー	1	3.9	1	6.1
17	8	18	ナリタスターワン	16	193.8	14	31.8
18	8	16	ラインミーティア	14	91.6	15	32.0

単 勝	1 ¥770
複 勝	1 ¥330 / 7 ¥370 / 4 ¥1740
枠 連	1-4 ¥490 (1)
馬 連	01-07 ¥3200 (8)
ワイド	01-07 ¥1270 (8)/ 01-04 ¥6630 (71)/ 04-07 ¥9410 (85)
馬 単	01-07 ¥5830 (16)
3 連 複	01-04-07 ¥54280 (183/816)
3 連 単	01-07-04 ¥237290 (818/4896)

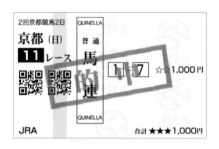

　このレースの予想オッズ1位はファインニードルとダイアナヘイローの2頭。ダイアナヘイローは予想オッズ通りの1番人気でしたが、ファインニードルは4番人気7.7倍という評価となっていました。全体的に見ても10番人気ですら単20.4倍という大混戦ムードの中、ファインニードルが先行して抜け出しての圧勝をしました。
　ここまでクアッドエーとして16パターン＋1をご紹介してきましたが、本書で書いたことが全てではありません。本書を読んでいる方がこれから新しい発見をするというケースも多々起こると思いますし、そうしてまたミリオンダラー馬券術は進化していくのだと思います。
　クアッドエーに関してはAから始まるパターンは予想オッズ1位の勝率が高く、Bから始まるパターンはその逆というような大まかな傾向だけを覚えておくだけでも馬券にいかすことができますし、その時点でまず広くレースを「見える化」することができるお手軽なのに使い勝手が良い武器としてあなたの力になることと思います。

第5章 更に勝利を求めるために

収支を劇的変化させる予想と馬券の間に入れるべきフィルター

　私は馬券家という立場で活動をさせていただいておりますが、その本業は本を書くことでもメルマガやブログを書くことでも配信コンテンツを運営することではなく「馬券を買うこと」だと思っています。そして「馬券で勝つこと」であると強く思って日々努力を続けています。

　その馬券で勝つことという部分に関しては努力することも勉強することも必要ですが、同じぐらい重要なことに「勝ちやすくすること」ということがあると私は思っています。勝つとは「当てる」ではなく「儲けること」であるとは本書で何度も書いていますが、その儲けることのハードルを下げることが「勝ちやすくすること」です。

　競馬ファンの多くは「予想をして馬券を買う」というレールを進んでいくものですが、その中間に私はフィルターを差し込むことで勝ちやすくしています。この章ではそのフィルターについてお話させていただくのですが、私は基本的にダート戦の方が得意で、ダート戦で利益の多くを出しています。そこでそれを素直にそのまま伝えるためにここではダート限定での話とさせていただきます。

フィルター1: ローテーション

　すでに本書で書いてあることと重複しますが、このローテーションというのはとても重要です。競馬ファンの共通認識である「休み明け2戦目は買い」というようなこともローテーションの一種ですが、実際には何年振り返っても休み明け2戦目は回収率が低いものです。2走ボケするリスクもあり、なおかつ競馬ファンの共通認識として「買い」になっているのですから回収率が低くて当然であることに気が付かなければいけません。

※本書では休み明けは12週以上ぶりの競馬を明け初戦として次のレースと定義する。

　また休み明けから6戦以上ともなると馬も疲弊していくことが目立ちます。使われ続けても安定している「無事これ名馬」もいますが、そもそも休みを与えられない馬というのは特に狙うレースもなく出走数を稼いでいるだけの人間側の理由が強いこともあるわけです。

また、25週以上の長期休み明けの馬は、まさに長期休み明けで勝つことで印象に残りますが実際には回収率が低いです。ブランクというのは人間でも競走馬でもプラスに働くことはあまりありません。

　もう1つは連闘馬も回収率が低いです。間隔を詰めて使うことでよくなる馬もいますが疲労度を考えれば本来連闘は詰め過ぎであろうと思います。「怒りの連闘で激走」なんてことも何度も目にしますが、それも印象に強く残るだけで実際には回収率が低いのです。

フィルター1
（消す馬）

- 休み明け2戦目
- 休み明け6戦目以降
- 25週以上の出走
- 連闘

フィルター2: 馬体重

　馬体重に対して増減だけで評価する人が多いですがそれではいけません。競馬は横からのレース映像を見ていると全ての馬が綺麗にまっすぐ走っているように見えますが、パトロール映像などを見ると相当ぶつかり合って走っていることがわかります。考えてもみてください、400キロの小さい馬が500キロの馬とぶつかったらどちらに影響が大きいでしょうか？人間で言えば格闘技などでは階級分けされていますが、ボクシングで5キロ違ったとしたら命に関わるぐらいの影響が出てしまいます。

　それなのに競走馬に対してはあまり馬体重に関して気にしていない人が多いですが、これも小さいのに桁違いの強さだったディープインパクトのような馬がいることで印象が残ってしまうからなのでしょう。ディープインパクトは430キロ台で走ることもありましたが、あれは特別なレアなケースであると認識しなければいけません。

　全体的に見れば軽い馬は成績が悪いですし、最低でも460キロ以上はほしいものです。芝よりもダートの方が重い馬が多いのでダートに関しては神経質に馬体重をチェックしたほうがいいです。ただ本書では今走情報としてリアルタイム性のあるものはなるべく使わない方針ですので、前走の馬体重で

代用したいと思います。

　ここでのフィルターは今走ダートレースで前走馬体重480キロ未満の馬に適用します。今走大幅馬体重の減少がない場合を除いて大きい馬だけを残すことができるからです。

フィルター2 (消す馬)	・今走ダート 　前走馬体重480キロ未満

フィルター3: 前走の頭数

　中央競馬のダートでは16頭のレースもあれば5頭で走ることになるレースもありますが、普通に考えれば頭数が多い中で走った結果や経験値は少頭数で走ったレースのそれよりも高くなるはずです。

　基本的に前走のレース頭数が少ない馬は次走の回収率が低いですが、それも理解できるところで前走8頭で走った馬が次走16頭フルゲートで走るとすれば2倍も相手が多くなる環境なのですから、それも致し方ないでしょう。目安としては12頭以上のレースを走っている馬を買いたいと思いますし、11頭以下であれば経験値の部分で劣るのではないかと考えるように私はしています。

フィルター3 (消す馬)	・11頭以下のレースを 　走っている馬

フィルター4: 前走のレース内容

　ここまで書いている内容の共通点は「印象」です。競馬ファンの印象に強く残るところには人気が集まるという性質があるということです。前走レース内容ということで言えば、前走のレースで上がり3Fが1位だった馬や4角先頭だった馬などはそれに該当してくる傾向にあります。

　上がり3Fというのはもちろん重要な項目ではありますが、それは展開や

ラップ次第でいくらでも替わりますし、前走4角先頭だと逃げ馬がそのままその位置ということもありますが、これにしても競馬は極端な逃げ馬以外は連続で逃げることができる可能性は低いものです。この上がり3Fや位置取り（展開）は20年前なら効果的だったかもしれませんが、今では競馬初心者から長年のファンまで深いところで競馬予想をしていない人が予想している感を得られるために重視している部分であると考えることができます。それだけに人気が寄ってきてしまい回収率が下がることで本当の勝利からは遠ざかってしまうということになります。

フィルター4
（消す馬）

- 前走上がり3F1位
- 前走4角1番手

フィルター5: キャリアと年齢

　競走馬の人生は長いようで短く儚いものです。未勝利を勝てずに行方知れずになる馬もいればG1を勝利して何万人からの声援を浴びる馬もいます。数戦でG1を勝利して引退して伝説になる馬もいますし、何十戦走っても名前が残らない馬もいるわけですが、その事実が競走馬のキャリア別の成績にも出ています。やはり能力が高く丁寧に使われている馬は何十戦もしませんし、頑丈で元気だけど抜けたものがない馬は沢山走ることでお金を生むしかありません。

　またキャリアが長いということはすなわち年齢とも比例してきますが、競走馬は7歳を超えると急激に成績が落ちていきます。よほど晩成の馬でない限りこれは避けようのない事実です。目安としては26戦以上走っている馬と7歳以上の馬は基本的には避けるべきでしょう。

　ここまでのフィルターをかけるだけで、回収率が高い年度が多いですし単純に残った馬の単勝を買うだけで回収率が100%を超えている年度もあるぐらいに効果的なフィルタリングを馬券にかけることができます。実際にここ数年を振り返ると2018年は115%、2017年は93%、2016年は110%ですからフィルターとは言えこれだけ買うだけでも利益が出ているということになります。

| フィルター5
(消す馬) | ・キャリア26戦以上の馬
・7歳以上の馬 |

R馬Rレベルを加える

さて、この状態にミリオンダラー馬券術を加えていくことでさらなる高みを狙うことができるというのは想像に難くないと思います。まず狙い目の1つは前走Rレベル高★を走っていた馬です。ミリオンダラー馬券術の定番的な狙い目ですが、これだけでこの期間のレース勝率が15.0%、回収率が134.4%と非常に高くなっています。

[第5章] 更に勝利を求めるために

2017年3月12日　　　　　　　　　　　　　　中山8R
1着馬　アンプラグド

枠番	馬番	馬名	人気	単勝オッズ	予想人気	予想オッズ	判定
8	15	ノースランドボーイ	1	2.0	1	2.9	A
1	1	ベラポーサ	2	5.2	2	4.0	B
3	6	ポルトドレーヴ	3	9.1	3	6.3	B
6	11	アンジュリンブレス	6	15.5	4	8.7	B

着順	枠番	馬番	馬名	人気	単勝オッズ	予想人気	予想オッズ	判定
1	8	16	アンプラグド	4	10.4	6	12.1	
2	7	13	カブキモノ	5	13.3	11	27.5	
3	5	9	トゥルーウインド	7	20.5	7	18.1	
4	4	8	イントゥザターフ	9	31.1	8	20.3	
5	8	15	ノースランドボーイ	1	2.0	1	2.9	A
6	2	3	ツクバイーメーカー	14	75.6	13	35.2	
7	2	4	ヴァッハウ	10	44.8	12	28.8	
8	3	6	ポルトドレーヴ	3	9.1	3	6.3	B
9	4	7	セイカエドミザカ	12	56.8	10	24.7	
10	1	2	マカワオクイーン	13	57.7	9	22.7	
11	6	11	アンジュリンブレス	6	15.5	4	8.7	B
12	3	5	スリーミュージアム	15	90.8	15	40.0	
13	1	1	ベラポーサ	2	5.2	2	4.0	B
14	5	10	コスモナチュラル	16	134.5	14	38.5	
15	6	12	アオイプリンス	8	24.9	5	11.8	
16	7	14	オリンピアスカイ	11	50.0	16	50.0	

単勝	16 ¥1040
複勝	16 ¥440 / 13 ¥380 / 9 ¥520
枠連	7-8 ¥950 (4)
馬連	13-16 ¥8130 (24)
ワイド	13-16 ¥1710 (17)/ 09-16 ¥4120 (44)/ 09-13 ¥3280 (33)
馬単	16-13 ¥17730 (51)
3連複	09-13-16 ¥66960 (159/560)
3連単	16-13-09 ¥282700 (682/3360)

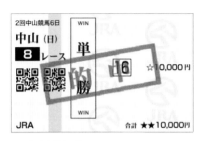

2回中山競馬6日　　　　　　　　　　2回中山競馬6日
中山8レース　単勝　16　10,000円　　中山8レース　馬単　16-13　300円

　芝でも高いRレベルのレースでそこそこの競馬をしていたアンプラグドの初ダート。ダートに合うフィルターをかけたロジックなのですからここで大きく変わる期待も大きい一戦でしたが、後方から見事に差し切ってごぼう抜きでの勝利となりました。
　先程の方法は前走Rレベルを使いますので、今週末から日々ミリオンダラー馬券術のRレベル判定を蓄積していく人には活用することが難しいので、今走情報だけで狙う方法もご紹介しておきます。
　まず今走Rレベルは普通以上としてある程度の面子が揃うレースに限定をします。これだけでもレース勝率26.6％、回収率109％と高くなっていますが、ここで競馬ブック予想オッズ7位以下の穴馬をチョイスしてみましょう。そしてクアッドエーのAAAAとAAABとAABAの上位が勝つことが多いレースを除いたレースで狙います。レース勝率こそ6.2％と低いですが回収率が128％まで伸びますので狙い目です。

[第5章] 更に勝利を求めるために

2017年11月12日　京都10R

1着馬　ラインルーフ

枠番	馬番	馬名	人気	単勝オッズ	予想人気	予想オッズ	判定
5	6	テンザワールド	1	2.5	1	2.7	A
8	11	クリノリトミシュル	2	3.5	2	3.5	A
6	7	ヴァローア	5	9.9	3	6.4	B
1	1	ロイカバード	3	6.7	4	8.7	B

着順	枠番	馬番	馬名	人気	単勝オッズ	予想人気	予想オッズ	判定
1	3	3	ラインルーフ	12	124.9	11	50.0	
2	8	11	クリノリトミシュル	2	3.5	2	3.5	A
3	7	9	エポック	4	8.6	6	10.5	
4	5	6	テンザワールド	1	2.5	1	2.7	A
5	5	5	カラクプア	8	30.2	8	18.5	
6	4	4	カフェリュウジン	10	93.4	12	50.0	
7	8	12	スマートボムシェル	6	16.0	5	9.0	
8	6	7	ヴァローア	5	9.9	3	6.4	B
9	1	1	ロイカバード	3	6.7	4	8.7	B
10	6	8	ミキノグランプリ	9	31.5	7	10.8	
11	7	10	ベルウッドケルン	11	114.3	10	38.4	
12	2	2	ドラゴンシュバリエ	7	16.3	9	22.7	

単勝	3 ¥12490
複勝	3 ¥2430 / 11 ¥160 / 9 ¥240
枠連	3-8 ¥9360 (21)
馬連	03-11 ¥28480 (42)
ワイド	03-11 ¥7930 (45)/ 03-09 ¥9370 (47)/ 09-11 ¥470 (4)
馬単	03-11 ¥85790 (93)
3連複	03-09-11 ¥45780 (84/220)
3連単	03-11-09 ¥525940 (655/1320)

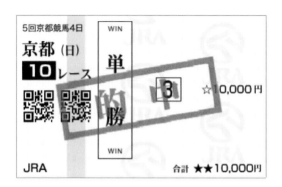

　単勝万馬券となったラインルーフの激走もキャッチできましたが、ラインルーフはこの時期に体調面で調子を大きく崩していた中で高いRレベルのレースで惨敗続きとなっていた馬です。それが久々に間隔をある程度詰めて順調に使えていたので一変の可能性は秘めていたのだろうと思います。この勝利からは休むこと無くオープン戦、重賞と活躍をしていったことが印象的でした。

そして最後に、今走Rレベルは普通以上のままで

前走6着以下なのに今走R+かR−判定になっている馬をチョイスします。

また前走と今走は同じクラスの場合に限定をして、なおかつ前走もダートという条件にします。これを説明すると今走Rレベル普通以上というのは配当部分で妙味が出るからとして、前走が同じクラスで6着以下なのに今走R馬判定されているということはそれまでの実績の貯金があり、能力的に足りているという目安になります。

また前走ダートに限定をしたのは芝レースの方がレイティングが高い傾向にありますので、芝からダートだとR馬になりやすいということも考えてここでは省きました。これで前走目立った成績ではないが能力が足りている馬をチョイスすることができるわけですが、レース勝率12.6%、回収率112%とまずまずのバランスが取れている狙い目となります。

2018年4月8日　　　中山6R

1着馬　マイネルサリューエ

枠番	馬番	馬名	人気	単勝オッズ	予想人気	予想オッズ	判定
3	4	スウィングビート	1	1.8	1	2.9	A
6	10	シャイニーロケット	3	7.7	2	5.7	B
4	6	ミラクルブラッド	2	7.4	3	6.1	B
6	11	アメリカンファクト	4	9.7	4	6.9	A

着順	枠番	馬番	馬名	人気	単勝オッズ	予想人気	予想オッズ	判定
1	7	12	マイネルサリューエ	9	25.9	7	13.3	
2	2	3	マイネルアンファン	8	23.4	8	16.9	
3	6	10	シャイニーロケット	3	7.7	2	5.7	B
4	3	5	コスモブロイ	10	65.6	11	29.4	
5	3	4	スウィングビート	1	1.8	1	2.9	A
6	8	15	トーセンヴィータ	5	10.7	5	7.2	
7	5	8	ヤマタケパンチ	13	233.2	14	50.0	
8	7	13	ロージズキング	7	16.2	12	35.8	
9	5	9	サンダーラム	15	548.3	15	50.0	
10	6	11	アメリカンファクト	4	9.7	4	6.9	A
11	8	14	ジャスパーウィン	6	15.4	6	9.6	
12	4	6	ミラクルブラッド	2	7.4	3	6.1	B
13	4	7	ノアダイヤモンド	14	365.3	13	50.0	
14	1	1	ディーズフェイク	11	173.9	10	26.9	
15	2	2	カレイドスコープ	12	176.1	9	24.8	

単勝	12 ¥2590
複勝	12 ¥890 / 3 ¥980 / 10 ¥400
枠連	2-7 ¥9270 (19)
馬連	03-12 ¥14440 (35)
ワイド	03-12 ¥2920 (34)/ 10-12 ¥2360 (26)/ 03-10 ¥3100 (35)
馬単	12-03 ¥37770 (76)
3連複	03-10-12 ¥44200 (93/455)
3連単	12-03-10 ¥396180 (635/2730)

[第5章] 更に勝利を求めるために

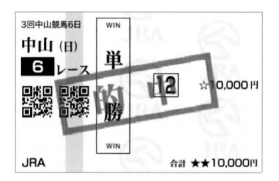

　私事ですが誕生日直後の開催でしたので、この馬は自分へのプレゼントなったレースでした。マイネルサリューエは前走高＋で7着に敗退していましたが、相手が揃っているなかでも果敢に得意のまくる競馬をしていましたし、何より2走前が同じ条件でRレベルも同じ高－で勝ち馬に0.1秒差の3着と好走していたわけですから、今走の人気が9番人気で25.9倍もつくのは嬉しい誤算でした。このレースでも見事なまくりで勝利して好配当を運んでくれました。

　このフィルター＋ミリオンダラー馬券術は本書の終盤で書いていますが、はじめてミリオンダラー馬券術にふれる人はここから活用してみてもよいぐらいに手軽で簡単に狙い馬をピックアップできます。

　ただ私自身はもう馬券歴が長いですしデータ競馬に触れて長いですので、初心者の人から見ると難しいと感じる可能性もありました。これは裏話的になりますが競馬初心者の20代の男女数名にこれを覚えてもらって実戦をしてもらいました。多少質問などありながらも問題なくこなせましたので、もし難しく感じたとしてもあまり難しく考えず、書いてあるままを読んで頭の中で整理してチャレンジしてみてくださいね。

Column Part 3

レース映像を見ていますか？

　世の中が便利になり競馬に関してもデータ収集や集計が簡単になりました。なので競馬を完全に数字だけで見る人も増えているように感じます。特に若い世代の人は「競馬を始めてみよう！」から「データ分析しよう！」までが非常に近い状態の環境を整えていることが多いですので、馬券歴30年の玄人さんよりも競馬歴半年の20歳の子の方が圧倒的に競馬に詳しいということもあります。

　ただ私としては競馬のレースを見ないとわからないことも多いと思います。私は毎週自分のYou Tubeチャンネルで「この馬に注目！」という馬を紹介していますが、これで紹介する馬の多くが前走や過去走でレース中に不利があって力を出せなかった馬を紹介することが多いです。

　例えば外に膨れた馬がいたせいで巻き込まれて大外まで行ってしまった馬とか躓いた馬やカットされた馬、包まれて何もできなかった馬などです。競馬開催が終わったらすぐにJRAレーシングビュアーでレースを振り返りそのような馬たちをメモしていくのですが、これはシンプルに馬券に効いてきます。競馬ファンの多くが終わったレースには興味がありませんしデータのみで馬券を買う人もそのような馬を見つけようとはしません。

　データ化が進んでいる時だからこそ、データを扱うなら「オリジナリティがあること」を重要視するべきですし、だからこそアナログ的に自分の目から入る情報の価値が大きいということを考える時代になってきているのではないでしょうか。勝ち組になることはできないということにもなりますね。

第 6 章

ミリオンダラー馬券術作者
×
中央競馬馬主

対 談

作者とスペクター、キャメロンなどを所有している
友人の中央競馬馬主、川勝裕之さんとの競馬トーク

──きっかけは Facebook

竹内裕也（以下竹内）
　もともと川勝さんと知り合うきっかけになったのは、私（竹内）にFacebookからメールをくれたのが最初ですよね。

川勝裕之（以下川勝）
　そうですね。ちょうど持ち馬のセンショウレイナを結果の振り返りか何かで推奨してくれていたんですよね。ああ、オレの馬のこと褒めてくれていると。めっちゃうれしくなって、メールしたというのがきっかけです。

竹内　その時のメールは私も嬉しくて、私の動画も見てくれていたんですよね。Youtubeで配信していた競馬バラエティ番組を見てくれていると書いてあって。それで川勝さんのFacebookをよく見たら、あれ、これ本当の馬主さんではないかと。同じ年（1980年生まれ）だし、一度会いましょうということになったんですよね。それで、京都競馬場に私たち夫婦を招待していただいて、1日馬券をやったら……。

川勝　竹内さんが来たからもう左うちわで、大儲けで帰れるかと思ったら、死ぬほど負けた（笑）。本当にプロの予想家なのかと思ったけど、そこからが竹内さんの本領発揮だったよね。

竹内　毎週川勝さんに送っていたミリオンダラー馬券術を活用して予想した馬、とくに人気薄が走りだしたんですよね。手前味噌ですけど。

川勝　そうそう。

竹内　ところで川勝さんが競馬に関わるきっかけって何だったんですか？

川勝　子供のころに、父が競馬をやっていて、ある競馬開催日に「1頭何か好きな馬を言ってみろ」と言われまして。そこで指名した馬が何と単

勝万馬券。そこからいろいろと興味が湧くようになりましたね。

竹内 馬主はまた違いますよね。競馬（馬券）とは。きっかけというか、なってみたいと思っても簡単なことではない。。。

川勝 会社経営をしはじめて、京都のロータリークラブで、太田美實さん（ウイニングチケットやロイヤルタッチなどの馬主）にお会いしたことが大きなきっかけでした。太田さんに競馬場に連れていってもらったり、馬主さんのパーティーにお邪魔した際に、『ああ、これが本当の富裕層なんだな』と。馬主になってみたいと思って、4年で馬主になりました。

竹内 思って、なれるところが凄いですね。で、初めて持たれた馬がセンショウレイナです。

川勝 はい。ハービンジャーの仔で、まだ当時は今ほど注目されていなかった種牡馬だと思いますが、私がこの馬の現役時代のレースを見ていて、とくに好時計で勝ったキングジョージを見て、軽い走りをするし、この馬が種牡馬として入ってこないかなと期待していたのです。

竹内 その子供を、紹介されたというわけですか。

川勝 偶然の巡り合わせで、岡田スタッドさんにハービンジャー産駒がいるということで紹介されました。センショウレイナは、1勝して、今年（2019年）から繁殖に入りました。ビッグアーサーを付ける予定です。

竹内 その後、センショウユウト、スペクター、キャメロンと続くわけですね。川勝さんの所有馬は、今のところ全頭勝ち上がりなんですよね。なかなかないことではないですか。どういうふうに馬を選ばれているのでしょうか。

川勝 基本的に欧州血統の父系が好みです。とくにサドラーズウェルズから

受け継ぐ血統ですね。キャメロンの父ケープブランコはガリレオの仔です。ケーブブランコの仔は、周りの方から「川勝くん、1億％走らん」って言われたんですよ。今となってはいい想い出ですが、「1億パーってなんなん？」と。こういう言われ方で、結果を出したときに、ほら結果出たでしょと、言いたいだけ「うんちく」を語れるのが、馬主のいいところでもありますね。センショウユウト、スペクターは、太田美實さんや笹田和秀調教師とつながりの深い藤原牧場さんの生産馬です。このキャメロンだけが、私にとっては、いろんな意味で未知の馬でした。それが19年3歳でオープンクラスで戦えるのですから、わからないものですね。

竹内 強く否定されるとナニクソ精神になるところは共感できます（笑）僕も馬券なんて絶対負けると言われ続けても諦めなかったですから。

——馬主の馬券の買い方

竹内 ミリオンダラー馬券術の良いところって見えない物をできるだけ見える化していくところにあって、普通レースのレベルはタイムを後から振り返って考えるわけですが、ミリオンダラー馬券術のRレベルは出走するメンバーの能力レベルをメンバーレベルとして扱えるのですけど、例えばセンショウレイナは4戦目から高★が3回続いて2着もあったので、勝ち上がった時の未勝利も高★でしたが勝負になると思ってみていました。

川勝 その時に話題にしていたのを僕が見てメールしたんだよね。

竹内 そうですね、なのでミリオンダラー馬券術がなかったら出会ってないです（笑）。
他にもセンショウユウトは高一の未勝利を勝ち上がって、500万のダート路線になって先日高＋で6着ですから次走もう少し楽なメンバーなら勝ち負けできますね。

（著者注　※対談後の3月3日、センショウユウトは普通レベルで1着）

川勝 キャメロンはどういう感じなんでしたっけ?

竹内 キャメロンは2戦目の未勝利が低+のメンバーだったのですけど、ただ2着に1.0差で馬なりで勝利しているので未知数ですね(笑)次の500万で普通以上で勝ち負けできたら楽しみだと思います。

※3月9日、キャメロンは普通レベルの500万で惜しくも2着になるも後続には5馬身差

竹内 ところで、ご自分の馬の馬券は応援も込めて買うと思うのですが、馬券予想をするときって何を重要視していますか?

川勝 馬券を買うときもそうなんですが、所有馬の状況を把握するときに、大事にするのが「調教」ですね。
競馬ブックをはじめとした競馬新聞で、時計が掲載されていますが、数字だけではなくウッドコースと坂路のインターバルトレーニングしっかり、ゴール板を過ぎたあとでビッチリ追っている運動量を重視します。とくに馬ナリで調整されている馬は強い馬が多い。その前の週までに強い追い切りは済ましていて、最後は仕上げ。それで勝つ。強いから無理に負荷をかける必要もないわけです。もちろん見えないところでの運動量をこなしていることも多いですね。
それ以外ですと、調教では、体重の軽い騎手が乗ったり、体重の重い助手が乗って目一杯に追うなど、本当はどっちがいい調教をしている

のかと目に映ったところだけでない『見えないところ』を自分なりに可視化する、ということも重要だと思いますね。

竹内　私の予想でも調教は重視します。競馬道調教マスターという調教データベースを使って、調教の好走例を見ますが、競馬ブックの調教で併せ馬先着の未勝利馬を単勝ベタ買いで100％以上の回収率ですからね。川勝さんのおっしゃることは数字としても証明されていると思いますね。

川勝　他では『前走人気薄で2着好走して、次走で人気になる』馬が馬券を買う場合に一番良くないのではないかと考えています。着順だけで判断できない何か、負けていてもそこに見えない何か、レースにはそういう要素もありますね。

竹内　これは、ミリオンダラーの考え方と通じるところがありますね。前走高いレベルで好走して次に人気になるよりも、前走高いレベルで惨敗してくれている方が狙い目ですし、狙っていた人気薄が中途半端に好走されると一番辛い（笑）。

川勝　毎週のように「それなら凡走してくれたほうが次美味しいのに！」って話すよね（笑）。

竹内　騎手についてはいかがでしょうか？

川勝　自分の馬を走らせるときに、ジョッキーに合わせるのは、できるだけ避けたいと考えています。馬の調子に合わせてレースを選択したい。ここが勝負という場面では、馬主のレースの選び方と、馬券ファンの馬券を買う・勝負するレースの狙い方は同じではないかと思うんですよね。

——馬と投資とビジネスは同じ

竹内 川勝さんはビジネス的にも素晴らしい活動をしていますが、その辺りの話も少しきいてみたいです。

川勝 よく講演会等に講師として話す機会をいただくのですが、そのときも同じ話をするんですよね。私は飲食業も営んでいますが、馬主（競走馬を走らせる事業）もスキームは、同じではないかなと。
まず、売上。これは飲食業の場合は、毎日売り上げるお店の収入。次に馬は、トレードは別としても、幼駒を買うことが殆どですので、すぐにレースに走って、賞金を得るわけではありません。これが飲食店とは異なる面ではありますね。ただ、走り始めると、中央競馬の高い賞金（出走手当等）を考えると、無事ならペイしていくわけです。実際、私の競馬事業は昨年黒字になっています。
次に原価です。銀座の一等地に店を出したい。もちろん家賃は高い。馬で言えば、ディープインパクト産駒を購入するとの同じ。（銀座の一等地もディープインパクト産駒も）そこを回収するための売上のハードルがとてつもなく上がるわけです。G1何勝しなければいけないのかと。ですので、私は馬を買う場合も予算を抑えて購入するようにしています。回収しやすさという点を重視しています。そして経費。飲食店は人件費がかかります。馬の場合は私だけです。

竹内 これは参考になる読者様も多い話だなぁ……。ところで真面目な話を真剣にするのって僕ら初めてかもしれませんね（笑）。

川勝 いつも最終的には酔っ払ってるからね（笑）。

——宝物と将来

川勝 息子に、先日『お父さんの宝物って何？』って聞かれたことがありました。そのときJRAからいただいた自分の所有馬の優勝メダルだと言ったんです。（センショウレイナとセンショウユウト）。自分の子

供の名前を競走馬に付けて、その馬が勝った。こんな幸せなことはない。本当に馬主になって良かったと思っているんです。

竹内　いいお話ですね。京都競馬場で会ったことがありますけど、馬券を握りしめて叫んでいる僕らを冷静におとなしく見ていた記憶が残っています……。ところで川勝さんは将来、馬主や競馬事業に関してはどういうふうに考えているのですか？

川勝　自分の所有馬でケンタッキーダービーを勝って、日本だけではなく世界を目指したい。そしてその馬を、これから発展するだろう中国競馬の種牡馬として引退していきなりけい養してもらう。それぐらいのびっくりを常識に変えていきたいと思います。言うのはタダですからね。でも言うからには実行、実現させたい。そういう気持ちでいるのは確かなんですよ。まずはキャメロンで大きなレースに挑戦したいです。19年2歳馬ではエイジアンウインズ（ヴィクトリアマイル勝ち馬）の仔（父ルーラーシップ）も楽しみですね。

竹内　その時はぜひ僕も連れていってほしいなぁ。ところで、川勝さんの所有馬は、今のところ全頭勝ち上がりですが、できれば、冠（川勝を音読みでセンショウ）のとおり1,000勝まで行ってほしいですね。

川勝　竹内さんのミリオンダラー予想◎とどっちが先に1,000勝するか勝負したいですね。

竹内　あとは京都競馬場でリベンジしたいので、本が発売されたぐらいの時期に京都競馬に乗り込みますので、その時こそはガッツリ勝利してミリオンダラーの雨を降らしますね。

川勝　傘が必要なぐらいの大雨が降るといいなぁ（笑）。

2019年2月26日収録
名古屋競馬場・金シャチプレミアムラウンジにて

[第6章] ミリオンダラー馬券術作者×中央競馬馬主対談

川勝裕之 (かわかつひろゆき)
プロフィール

1980年生まれ、京都府出身。
株式会社ヒロ・スタッフエージェンシーをはじめとして人材派遣・飲食店展開など勢力的なビジネス展開をしている若き起業家。馬主としてスペクター、キャメロンなどこれから期待の大きい競走馬と共にさらなる飛躍を目指している。

終わりに

　本年2019年は元号が令和に変わり、また2010年代の最後の年でもあります。
　冒頭に書いたように競馬界も色々なことが変化している中ですし、降級がなくなったりクラス名が500万、1000万、1600万が1勝クラス、2勝クラス、3勝クラスと変わるなどなかなか馴染めないような変化も出てきます。
　人は変化を嫌い拒絶することが多いですが、それは脳が同じことを求めるからだそうです。確かに同じことの繰り返しというのは単調で飽きてしまいますが、その分だけ安心感があります。でも時間が進んで行くことによって自分の周りの景色が変化していくことは避けられない現実であることも事実です。多くの競馬ファンの方が馬券で勝てない中で、また色々なことが変化していく中で、そこで勉強であったり考え方を変えるなどの行動をしなくてはいけないと誰しもが考えるものですが、やはり変化を恐れ拒絶することで「負けていても居心地がいいからここに居よう」と思ってしまうものだと思います。

　恐らく、本書をお手にとっていただいている人の中には元からのミリオンダラー馬券術のファンの人もいれば、何か変化をしたくて情報を得たい競馬ファンの方もおられるはずです。
　その中の半分ぐらいの人はやはり変化を受け入れることができずに本書を閉じてそっと本棚にしまってしまうこともあるでしょう。
　ですがミリオンダラー馬券術自身も変化を恐れずに競馬・馬券の時代の変化に置いていかれないように前向きに変化し、そして進化を続けている馬券術ですので1人でも多くの競馬ファンの人がこの馬券術を利用して楽しく変化をして、楽しく予想をして、競馬を人生の楽しみとしていけるきっかけになることができれば、それが微力でも嬉しく思います。

　そしてもう1つ、最後に書かせていただきたいことがあります。
　ミリオンダラー馬券術の1冊目が発売される前に、雑誌競馬最強の法則で特集を組まれた号が発売されることになっていたのが2011年の3月13日だったと思います。事前にはブログやメルマガなどであまり告知せずに発売日に「実は雑誌デビューしました!」とサプライズをしようと考えていたのですが、

その2日前に東日本大震災が起こってしまいまして「告知なんかできない」と思いましたし、何よりTVから流れる被災地の映像を見ていたら、そんなことはどうでもいいことになってしまいました。そして同時進行でミリオンダラー馬券術の本の原稿を書いていたのですが、印刷所なども大きな被害が出たことで発売が危ぶまれるような状況にもなってしまいました。

その時に思ったことを正直に言ってしまいますと「もう競馬も当分開催できないかもしれないし、日本がどうなるかもわからないのに競馬本なんて世の中に出しても仕方ないのではないか」と、書くことを辞めようかとも思いました。

そんな中で、東北に住んでいる僕のブログやメルマガの読者様から「竹内さん、競馬最強の法則に出てるじゃないですか！馬券を買える状況じゃないですけど、買えるようになったら参考にします！」というようなメールをいただくこともありましたし、本が出版されてからも被災地の読者様から本の感想をいただいたり、出版おめでとうのメールをいただいたりと、あの当時は人生で一番泣いたことを覚えています。

でもこれは私がどうこうではなく、競馬というギャンブルとしても最高で、スポーツとしても最高で、ドラマとしても最高で人の心を掴むジャンルの凄さだと思うのです。

名古屋に住む私には想像することもできないような大きな地震や津波に合い、日々の生活すら保証されない中でも競馬のことを考えてしまう、そしていつかまた競馬を楽しもう！と活力になるほどのパワーがある存在が「競馬」なのだとその時に感じました。

そんな競馬が毎週できるだけでも幸せなのに、本を書かせていただいたり様々な媒体で発信をさせていただけていることは本当に恵まれていることだと思います。

私は競馬を一生楽しんでいきます。
そして、あなたも一生競馬を楽しんでいけるように祈っています。
つたない文章ですが、その思いが伝われば嬉しいです。
最後まで読んでいただいてありがとうございました。

作者

竹内裕也（たけうちゆうや）
プロフィール

愛知県名古屋市出身。10代の頃から競馬を見るようになり、勝負事が好きだったことで必然的に馬券に興味を持つようになった。最初に好きになった馬はサイレンススズカ。

20代になり馬券研究を続ける中で自分の知識を必要としている競馬ファンの人もいるのではないかと思いブログ at a gallop を開設。当時あまりネット上になかったテン乗りをテーマにした記事が人気となり1年で40万アクセスを達成し、2年後に総和社より「テン乗り勝負パターンの見極め方」を出版（Amazon ギャンブルカテゴリー1位）。その後競馬ソフトをリリースし infotop で1位を達成、また JRAVAN に掲載した自身原案のソフト set a net が JRAVAN ランキング10位入り。

2011年に雑誌「競馬最強の法則」にカラー特集され、同年にミリオンダラー馬券術をベストセラーズより発売（Amazon ギャンブルカテゴリー1位）

2013年よりミリオンダラー馬券術が競馬最強の法則に約1年間連載され、2014年にミリオンダラー種牡馬をベストセラーズより発売（Amazon ギャンブルカテゴリー1位）

2015年には @FM（FM愛知）の「勝手に応援BSJ」にレギュラー出演し名馬たちのエピソードを語り競馬ファン以外の人にも競馬の魅力を知ってもらうための活動を展開。またその流れで youtube チャンネル「競馬特番っぽいチャンネル」にて競馬バラエティ番組を配信。個人の youtube チャンネルも毎週更新しており合計再生数は100万回を突破。Amazon Kindle でリリースした「馬券家が折り返し地点で書いた本」が Kindle ランキング2位を達成。

2017年に競馬アプリ「うましり」の監修を担当し、アプリの主題歌の作詞作曲も手がけるなど自分がやりたいと思ったことをやるスタイルで活動しています。人生のテーマは「好きで動く、嫌いで動かない」。

経歴

- 2007年　競馬ブログ at a gallop が1年でアクセス40万を達成
- 2007年　ソフト開発　infotop ギャンブル1位を達成
- 2007年　ソフト原案　JRAVAN ランキングベスト10入り
- 2009年　テン乗り勝負パターンの見極め方出版　※ Amazon ギャンブル本1位達成
- 2011年　ミリオンダラー馬券術出版　※ Amazon ギャンブル本1位達成
- 2011年　競馬最強の法則掲載（雑誌）
- 2013年　競馬最強の法則3月号～12月号連載
- 2014年　競馬最強の法則1月号～6月号連載
- 2014年　ミリオンダラー種牡馬出版
- 2015年　@FM 勝手に応援 BSJ にレギュラー出演
- 2016年　競馬特番っぽいチャンネル開始
- 2016年　馬券家が折り返し地点で書いた本（AmazonKindle）
- 2017年　競馬アプリ「うましり」監修　同アプリ主題歌作詞作曲
- 2018年　youtube チャンネル総再生数100万回突破

▼ ブログ
https://at-a-gallop.net

▼ オリジナル指数配信サイト
https://t-u-a.net

▼ youtube チャンネル
http://www.youtube.com/subscription_center?add_user=gallopxxx

▼ 競馬特番っぽいチャンネル
https://keiba-tv.com

▼ 競馬最強の法則運営ミリオンダラー WEB
http://saikyo.k-ba.com/members/takeuchi/maker

▼ ミリオンダラー馬券術 AAAA
https://mdollarweb.net

▼ メールマガジン
https://www.mag2.com/m/0000216242.html

▼ 競馬アプリうましり
http://umasiri.jp/

【LINE@】開設！

本書の著者、竹内が競馬情報を不定期でお届けしている LINE@
ミリオンダラー馬券術の R レベルが高いレースを経由した中で
特に注目している馬なども配信しております。

競馬道OnLine選書　006

ミリオンダラー馬券術 ＡＡＡＡ（クアッドエー）

令和元年 6月20日　第1刷発行

● 著者　　　　竹内裕也
● 編集　　　　競馬道OnLine編集部（株式会社オーイズミ・アミュージオ）
　　　　　　　http://www.keibado.ne.jp
● 本書の内容に関する問合せ
　　　　　　　support@keibado.zendesk.com
● デザイン　　畠中ゆかり
● 発行者　　　福島 智
● 発行元　　　株式会社オーイズミ・アミュージオ
　　　　　　　〒110-0015　東京都台東区東上野1-8-6　妙高酒造ビル5F
● 発売元　　　株式会社主婦の友社
　　　　　　　〒101-8911　東京都千代田区神田駿河台2-9
　　　　　　　電話：03-5280-7551
● 印刷・製本所　三松堂株式会社

※本書の一部または全部を複写（コピー）、複製することは、法律で認められた場合を除き、著作権の侵害
　となります。
※乱丁・落丁はお取り替えします。
※定価はカバーに表示してあります。

©2019 Yuya Takeuchi
Printed in Japan
ISBN 978-4-07-340658-7